做哲學

哲學不是沒有用，而是你會不會用

古秀鈴　主編
古秀鈴、林斯諺、洪子偉、祖旭華
黃涵榆、劉亞蘭、蔡政宏、蔡龍九　著

三民書局

做哲學！體驗深度思考的開始

古秀鈴

緣起

　　能不能有一本適合在家自讀又可在教學上使用的哲學書？當臺灣高中哲學教育推廣學會理事長林靜君老師提出這想法時，我還在思索《法國高中生哲學讀本》可以借鏡的地方是什麼時，突然靈光乍現，啊！起手式不就是一本接地氣的哲學書！

　　一本接地氣的哲學書？是啊，哲學似乎已經慢慢有了能見度了，這幾年來哲普書籍及相關網路論壇蓬勃興起，打破了某種學術藩籬，也改變了對哲學的刻板印象，尤其接觸哲學的管道增加後，從大學教學現場可以觀察到，學生對哲學畏懼的眼神慢慢褪去，取而代之的是想一探究竟的熱切。但對教授哲學的老師而言，這似乎還不夠。學生長久以來習慣性的接受式學習，並沒有因為對哲學有熱忱而汰換，以至於即便面對各種極具思辨性的哲學理論及概念，短時間內仍不易激發出參與討論的能力或欲望，而僅僅是將理論當作另一種教條來吸收，甚至是同儕間的炫耀，這並不是哲學老師所樂見的情況。因此，一本哲學書之所以能接地氣，在於書寫者能顧及人們所處文化脈絡中的哲學元素，回應在地學生深沉的智性困惑，帶領讀者獨自或合作反思艱困問題，藉此培養出批判思考的素養——這難道不是我們一直想做到的嗎？

　　這本書有每位老師的獨到眼光，他們帶領讀者體驗不同方向

的哲學探索，讓讀者有身歷其境的感受，猶如身旁有人引領著走入思辨領域。我們試圖帶領讀者，建立一套進入哲學思考時應有的討論態度與思考方式。首先在文章開頭，各作者引領讀者從問題出發，將問題核心清楚地陳述出來——這正是哲學思考所重視的「問題意識」。問題意識的建立是為了讓討論聚焦而不流於各說各話。最有效地建立問題意識的方式，就是與生活產生連結。這種作法既能讓讀者了解到「日常生活中即可抓取不少哲學問題」，也能藉讀者們對這些日常經驗的熟悉，而較容易進入哲學討論之中。像是在本書中，林斯諺老師從我們熟知的鄭愁予的新詩〈錯誤〉出發，引領我們進入詮釋美學的領域；又如蔡龍九老師帶我們思考敬老尊賢的原義，重新認識曾被侷限在文化基本教材中的儒家思想。其次，本書的每一篇文章也安排了問題與反思，目的是讓讀者跳脫從前的閱讀習慣，停留在肯定句而忘了去問背後的理由。我們將這些討論安排在文章之中，帶領讀者主動地評價每個想法，而非只是斷然地接受或否定。此外，我們在每一篇文章中，也提供了多種切入討論問題的概念，目的是呈現每個角度會有的優缺點；但請不要因為有各種切入的角度，就立刻放棄評價，躲進相對主義的懷抱，以為各有各的立場，就無所謂對錯。我們反而希望藉由呈現多元的討論，來練習如何為自己的主張給予有力的支持。我們邀請讀者不要被動地接受哲學思想，而是要主動地參與哲學討論，這才是哲學的精采所在！

本書的目的：「做」哲學！

讀者心目中的哲學是什麼樣子？是雋永睿智的思想？還是玄

之又玄的義理？是燒腦費神的辨析？還是不安於室的憂國憂民？我們不嘗試改變哲學在各位心中的面貌，但請讓我們帶領各位做哲學 (doing philosophy)。不同於「讀」哲學，「做」哲學是主動與深度參與哲學思想的構成。一旦成為「做」哲學的人，就會發現先前以為哲學的玄妙不再是玄妙，而是扎實的理解；「做」哲學的人，不再停留在文字表面，而是突破複雜文字，看穿問題所在；「做」哲學的人，不是冷冰冰的觀察者，而是能同理理論底層對世人的疾呼──堅持對生命與智慧的追求。

　　請讓我對「做」哲學再多說一點。哲學裡的確有著雋永睿智的思想，但因為缺少脈絡性的閱讀、習慣性地只抓取結論或肯定句、受制於長久以來的選擇題思維模式，使得所謂的雋永睿智思想，往往流於片面的教條而不明所以。脈絡性的閱讀旨在掌握整篇文章的問題意識、主旨及理由，而非僅僅抓取片段的文句卻說不出所以然。然而，長期的考試養成教育無形中助長了這種只抓取肯定句的記憶型學習，形成了對錯二元的理解框架，養成只等待有無選項可選的選擇題思維，進而較難讓人們有著深思熟慮的論述及判斷。當然，我們相信寫作的教學現場，具有讓學習者鋪陳所思，掌握來龍去脈的元素，這似乎可以稍稍脫離選擇題思維。但很可惜，缺少批判思考元素的表達即便再流暢通順，也可能只是望文生義、個人興發而顯得立基薄弱、流於情緒。如同本書中，蔡龍九老師提到「敬老尊賢」的教條化，正是忽略儒家精神所導致的結果；而多半為民眾所接受的相對主義，在祖旭華老師的剖析下，或許我們可以說是因為民眾不知道該如何回應相對主義，從而表現出一種無可奈何的接受，但這絕對不是在深刻思考學說內涵後所表現出的認同。

我們期待的不是「讀」哲學、「念」哲學、「背」哲學、「賣弄」哲學，而是一種或許不必有哲學稱號的「做」哲學，它能像生活一般，體現在心智活動與日常行動之中。

「做」哲學難嗎？

哲學探討的是本質，但探討本質很難嗎？試著想想看下列問題：

- 這個世界的本質是什麼？是由具有物理性質的東西所組成嗎？是否有科學無法解釋的範疇，如心智現象及活動？

- 什麼是自由意志？我們有自由意志嗎？如果有，為什麼還要說我所做的許多事已經「天註定」？這樣不就表示這些事並非自己意志所決定的嗎？

- 什麼是「知道」？即便我沒有任何理由或證據，這樣也算知道嗎？若我說「我知道海龍公式，因為我考試的時候都會」，這樣的情況可以算作「知道」嗎？

- 道德對錯的本質是什麼？如果沒有任何後果要負責，我們還會繼續遵守道德規範嗎？如果不會，這是否就意味著「道德對錯只是工具手段」？

- 什麼是「情緒」？為什麼會有無法控制情緒的情況？情緒會不會不只是一種「感覺」，而是有著「理性認知」的成分？

- 考試的本質是什麼？考試跟人格表現有關嗎？跟智商有關嗎？跟道德有關嗎？如果考試和這些事情都沒有關係，那為什麼學生可能會因為考不好而受處罰？

- 婚姻的本質是什麼？婚姻是制度，還是兩人決定終生相伴的關係？如果是後者，那兩人一定要登記，才算「結婚」嗎？

這些問題離我們一點也不遠，哲學可以很生活！像是本書將邀請大家來思考「愛情的本質」，看看我們如何迷失在自己對愛情的欲求與判斷中。哲學討論也可以很抽象，像是本書中將談論的智慧，這個為我們推崇卻難以描述的特質，請看蔡政宏老師如何為讀者梳理出一條不同的理解方式。哲學甚至可以很好玩，如黃涵榆老師將一步步解析哲學的遊戲特質，讓我們一睹「遊戲」哲學的趣味。

但哲學絕對不是用來掉書袋或輕視人的工具！某些常見的哲學名言看似難懂或「很玄」——像是老子的「道可道，非常道」、笛卡兒的「我思故我在」、海德格的「人是向死的存在」、盧梭的「人是生而自由的，卻無往而不在枷鎖之中」等等——只要了解它們背後的思想脈絡，我們就會感覺更深刻的人生體悟，而非「很玄」而已。

我們覺得哲學難……會不會只是我們害怕思考深層的問題？

請讓我們告訴你：「做」哲學不難，還很值得！

來做幾個哲學吧！

　　哲學不是束之高閣的書本，因為我們無時無刻不生活在哲學的範疇之中。哲學關心「人」，但人很複雜，有許多面向：理性、感性、規範、創造等等，以及許多尚未被發掘的面向，這些面向彼此交織成一個個活生生的人。要了解人很困難的，要了解自己也是。想想在試著了解你自己的時候，是否曾經被很多問題困住了，卡在某個點而無法思索下去？面對自己，想了解自己是否愛上了某個人，想了解自己可不可以去追求社會規範下不允許的愛情，想了解自己對生活和生命的規劃是否足夠有智慧，想了解自己是否真的懂了別人，想了解自己是不是只是在扮演某款遊戲中的角色？哲學不試圖給出標準答案，但在哲學洗禮之後，我們的思想概念將得到擴張、延伸，愈發精緻，也更加縝密——在這時候，自己的答案也呼之欲出。

　　請跟著我們安排的思緒，一起領略深度思考的經驗！

　　這本書有八個議題，我們將它們安置在四個部分，分別是：**規範、創作、感性、理性**。

規範

〈孔孟在此，去去教條走！〉

〈道德是相對還是普遍？是主觀還是客觀？〉

　　我們身處一個規範重重的社會，但對於這些規範的本質似乎仍僅侷限在遵守與否的認知中，在此邀請讀者重新思考「我們遵守規範或不遵守規範，分別有什麼樣的理由？」。〈孔孟在此，去

去教條走！〉一文中，安排了長久以來，人們習慣將其教條化的儒家思想，引領讀者一方面思考為何儒家思想會被當作教條，另一方面思考若儒家思想本身不是教條，那麼它可以為人接受或不可以為人接受的理由又是什麼。〈道德是相對還是普遍？是主觀還是客觀？〉一文中，則以人們很容易在懵懂中就接受的思想——相對主義——為主題。理所當然的尊重他人想法，是否就會帶來某種相對主義？接受相對主義的理由是否出自人們不敢主張事情有對錯可言？在全球疫情肆虐的當下，打疫苗戴口罩是「應該」做的事，還是其實戴不戴口罩、打不打疫苗沒有對錯可言？

創作

〈遊戲的哲學思考〉

〈看不懂作品時需要問作者嗎？〉

　　哲學豐富的思考本身始終是個值得玩味再三的活動，不是猜謎，也不是解密，而是獨有的創作。曾經在教師節收到一則哲學笑話漫畫，孔子的學生對孔子說：「夫子，為什麼您總是教沒用的東西？」孔子回說：「我不允許你們這樣說自己！」如果這能博君一笑，看官們，這其實就是運用了所謂的雙關語！當然不管是孔子所教的東西，或是孔子的門生，我們都不同意他們是「沒用的東西」！究竟如同遊戲的哲學能創作出什麼樣的思維活動，在〈遊戲的哲學思考〉中，有相當精緻的說法！

　　創作者也需要詮釋者的獨到眼光，來呈現創作本身的思考過程，只是當作者不在現場時，我們能夠確信自己的詮釋是正確的嗎？還是詮釋作品本來就沒有對錯可言？這是在美學領域中一直被討論的問題。如果不是專業人士，門外漢如我們，似乎必須借

助專家的解析才能理解各類經典名著和藝術作品，但哪種詮釋才是我們該接受的呢？在〈看不懂作品時需要問作者嗎？〉一文中，我們來看看沒有作者在現場時，我們實際上是在進行什麼樣的詮釋活動！

感性

〈搞什麼性別？〉

〈你的愛情不是你的愛情？〉

人的理性與感性是思維活動的兩大面向。感性的思維勾勒出我們對人的關懷、對關係的反思、對環境的認同，因此我們探討人、價值、性別、愛情、友情、美學等相關議題。這樣的反思研究不會有終結，因為時代的變遷以及人的變化總是迫使我們重新審視既定的價值框架與認知視野，同志就是其中一例。〈搞什麼性別？〉一文，邀請讀者重新認識在我們之間，究竟架構了怎樣的性別關係，來設計人之間的互動。另外，恐怖情人的出現、高知識分子的情殺案件，也凸顯長久以來情感教育之闕如，我們究竟預設了什麼樣的愛情觀？談著什麼樣的戀愛？〈你的愛情不是你的愛情？〉一文，希望藉由哲學的反思，帶領我們突破情感重圍，重新認識自己，也關懷他人。

理性

〈魔鏡，魔鏡，誰是世界上最有智慧的人？〉

〈人工智慧會毀滅人類文明嗎？〉

亞里斯多德認為「理性」是人的本質，理性運用得當的人，才有可能擁有智慧，獲得幸福！但什麼是智慧呢？為什麼智者如

此稀有？人類真的有可能獲得智慧嗎？〈魔鏡，魔鏡，誰是世界上最有智慧的人？〉一文正是以智慧為主題，對智慧進行了四個深入的思辨。另外，在〈人工智慧會毀滅人類文明嗎？〉文中，探討了人工智慧背後潛藏的哲學議題與爭議。「人工智慧」是哲學家眼中的智慧嗎？人類設計出可以打敗人類自己的人工智能AlphaGo，那是人類比較有智慧，還是 AlphaGo 比較有智慧呢？且讓我們再度發揮 「理性」，思考人類是不是可能聰明反被聰明誤，最後創造出毀滅人類文明的人工智慧。

如何做哲學？

讀者準備好檢視自己的思維了嗎？心臟夠大到能去面對可能的謬誤了嗎？哲學引領我們進入各式各樣的事物本質進行討論，開展出不同深度與廣度的概念架構，梳理我們的思維，也衝撞原有的架構。而這樣的做哲學，需要勇氣，才能面對可能出現的錯誤；這也需要耐心，去找出自己的答案；這更需要信心，才能相信這無法立竿見影的訓練會厚實我們實際面對人生難題的能力。

曾經有同學問我：「老師，知道○○學說能幹嘛？有什麼用？」這看似給了一個很難的申論題，但當時我只是很直覺地反問：「那需要先請你定義何謂有用？」我們常先設定要得到什麼結果，再去要求投入的活動要如實滿足，卻沒有先問問，這活動的本質是什麼？例如：知道性別的本質，當下或許對經濟無法有明顯的影響，但長久以來，哲人們在「權力」、「民主」、「平等」、「愛情」、「智慧」、「詮釋」，甚至「經濟」等概念進行本質上的研究，它們的成果提升了人類群體對自我的認知，展示了生命的意

義與品質，改變了相關的制度與法律，對經濟的影響並不是這些本質探討的原初目的，但可以是影響經濟結構的間接推手。一如在本書中，劉亞蘭老師為我們闡釋的：性別的研究改變我們對同志的認知，讓我們了解性別認同的問題，而當愈來愈多人獲得關懷重視，一個愈加和諧友善的社會是否也間接影響了經濟？同時，在這段哲學思考的歷程中，我們也早已從知識的純粹吸收，進化到知識的評價與內化。當我們的概念工具夠多元、夠清晰、夠敏銳時，問題就不是哲學有什麼用，而是會不會用。

在書即將付梓時，我們也小小做了試閱調查。在廣漠的書海中要跟讀者對話，的確無法像在課堂中，可以透過隨時的互動提問來解決疑惑。畢竟我們在不同情況下，會有許多不同的閱讀預設，進而產生不同的閱讀經驗。為了面對不同的閱讀預設，我們在蒐集了許多讀者的閱讀心得後，盡可能地在這些經驗中找到公約數，來調整我們的文字，以期能夠深入淺出，表達作者們所致力傳達的想法。但因語言之複雜，哲學之抽象，可能仍有未詳盡說明之處，也因此我們十分歡迎讀者將您的問題來信討論！

我們希望哲學的興味，不會因為抽象程度或難易度而削減，但也不希望將哲學簡化到只有知識的傳播，少了興味只剩乏味。我們邀請讀者一起燒腦，在沒有標準答案的世界裡盡情抒發己見，用力發現問題，享受探究的樂趣！

至於答案到底為何？哲學從來不替你回答！❶

附註

❶感謝所有協助完成此本書的老師、同學及編輯群！特別謝謝林靜君老師、李美蓉老師、吳豐維老師的意見；謝謝我的學生黃鈺閔、譚紫澄、

謝明修、曾希之、李宇薇、梁雯惠、宋允如、林宥均，特地花時間閱讀並討論；謝謝師大同學蕭唯双、謝子晴、蔡承軒、楊家怡、廖志偉、鄭恩碩的意見；謝謝兩位高中生李宜靜、李姿錡所提出的問題與感想。謝謝三民書局的大力支持！

作者群自我介紹 （依姓氏筆畫排序）

古秀鈴

現職／　中國文化大學哲學系副教授

專長／　語言哲學及相關的心靈哲學與知識論等議題，近年
　　　　也將研究領域拓展到哲學諮商。

　　語言哲學給我的訓練及養分，讓我得以應用於道德心理學及
哲學諮商等哲學領域，進而積極推廣哲學思維與智慧。哲學思維
看似抽象，但其實已然深入到我們生活中的各個角落，當我們思
索某件事的價值與意義、反思想法或行為是否正確、探討如何界
定各種概念內容，我們都在進行哲學思考，如「怎樣算是愛一個
人？」、「為什麼應該誠實？」、「一定要升學嗎？」這些思考不是
漫無目的的一時興起或各說各話，而是有理序、有規範的思考。
思考的夠深，看事情就看得愈清楚；反思得夠多，對自己的認識
就更加明確，愈不容易人云亦云。多年的教學現場經驗，讓我明
白同學們之所以會有著許多的猶豫、徬徨、沒想法、裹足不前，
甚至挑軟柿子，不願意接受挑戰，不認為自己能達成什麼等等情
形，都是因為累積了太多未經檢視的價值及教條，而偏偏這些又
多是啃噬自我的文字。哲學思維是開啟新局的鑰匙，你會發現，
每個人皆為獨一無二的個體，都擁有不可被取代的潛能──實現
潛能，生命的意義與幸福的答案便在其中。

林斯諺

現職／　東吳大學哲學系助理教授、推理小說作家
專長／　美學與藝術哲學（分析哲學進路）

從小喜歡閱讀推理小說，鍾情於偵探與兇手的智力對決，後來自己提筆創作，迄今出版了十二本推理小說，近作為 2021 年的《羽球場的亡靈》，目前也是臺灣推理作家協會的成員。除了推理小說之外，我也熱愛哲學研究，曾前往紐西蘭奧克蘭大學攻讀博士學位。身為創作者，順理成章選擇了美學與藝術哲學作為研究領域，常戲稱自己過著忙碌的推理／哲學斜槓人生。

臉書粉絲頁：林斯諺 https://zh-tw.facebook.com/ellerysyl

洪子偉

現職／　中央研究院歐美研究所副研究員
專長／　認知科學哲學與語言哲學

我的專長在認知科學哲學與語言哲學。過去的研究主要在回答一問題「我們如何理解他人？」這個問題可以進一步分成「我們如何**正確地**理解他人？」與「我們如何**錯誤地**理解他人？」前者在研究人類語言能力背後究竟有什麼資訊處理的機制；後者則探討偏見、刻板印象、歧視背後的認知機制，特別是在數位時代下，社群媒體與人工智慧對於人類偏見與歧視有何影響。我們要如何才能避免歧視並促進平等等，都是我近年關心的議題。除了在大學兼課，我也擔任多年的高中資優班的哲學導論老師。

祖旭華

現職／　中正大學哲學系副教授
專長／　後設倫理學、規範倫理學、應用倫理學、美學、自
　　　　由意志等

　　亞里斯多德曾說：「哲學起於困惑 (wonder)。」過了兩千多
年，我認為這句話仍然適用。要「做哲學」，就要先找出令人感到
困惑的問題，而哲學存在的目的，就是為了解決這些令人感到困
惑的問題。對我來說，道德的問題一直讓我感到困惑，「道德是主
觀還是客觀的？是相對還是普遍的？」、「道德原則是否決定了行
為的是非對錯？」、「不透過道德原則，我們又如何得知行為的是
非對錯？」雖然筆者已經過了不惑之年，但這些問題卻依然困惑
著我。讀者若有對治這些問題的解方，歡迎與我聯絡。

黃涵榆

現職／　臺灣師範大學英語學系教授
專長／　附魔、基進政治、生命政治、精神分析、後人類、
　　　　恐怖文學

　　極端危險的斜槓學者，從電腦叛客小說、恐怖文學、精神分
析、生命政治、後人類，到附魔與黑金屬，都是研究領域，對暗
黑的事物與經驗特別感興趣。近期著作包括《跨界思考》(2017)、
《附魔、疾病、不死生命》(2017) 與《閱讀生命政治》(2021)。

劉亞蘭

現職／　真理大學人文與資訊學系副教授
專長／　視覺文化研究、女性主義與性別研究、當代藝術與
　　　　美學

我的哲學專長是研究法國的現象學家梅洛龐蒂 (Maurice Merleau-Ponty)。相較於傳統哲學所關心的「靈魂」、「理性」等議題，梅洛龐蒂在當時是極少數把「身體」當作一個嚴肅哲學議題的哲學家。和他同時期的哲學家還有沙特 (Jean-Paul Sartre) 和西蒙波娃 (Simone de Beauvoir)，所以我的博士論文便創造了一個虛擬的問題，看看梅洛龐蒂和西蒙波娃怎麼討論性別和身體。西蒙波娃著名的《第二性》啟發我對性別議題豐富且多元的思考，從此展開我對性別研究的驚奇之旅。畢業後在真理大學任教，一直從事著哲學、性別和美學之間的跨領域研究。著有《平等與差異：漫遊女性主義》(2008，三民)、《硬美學：從柏拉圖到古德曼的七種不流行讀法》(2020，三民)。

蔡政宏

現職／　中央研究院歐美研究所研究員
專長／　知識論、德性論、語言哲學、心靈哲學

小孩對許多現象、事情或想法都抱有好奇心。隨著嵌入社會和文化的程度愈深，「感到好奇」的情況也逐漸降低或消失，許多事也被視為理所當然、「沒什麼好問的」。若對某件事、想法或現象的好奇心再強大一點、持久一點，這個人很可能就是在「做哲

學」了，她的智識探究活動很可能就是哲學活動。哲學常在大家不再問「為什麼」的地方作為它運作的起點，這是哲學最吸引人的地方之一。作者近年研究工作主要在於發展一套有關實踐智慧的技藝模型。

蔡龍九

現職／　中國文化大學哲學系副教授

專長／　學習者，主要學習儒家哲學及其如何運用。

個人研究中國哲學的「儒家」轉眼已有多年，回想起來，自己是在學習過程中逐步產生興趣的，而且是熬到博士班後期才產生。當真正理解儒家內涵之後，自然地使用更早之前所受過的哲學思辨訓練，才得出儒家哲學如何融通於當代社會中、如何對應日常生活諸事，非只是對「道德教條」的鑽研而已。簡化地說，常常有人不理解也不落實儒家的原始精神，刻意使用「道德教條」來強制我們去做某些事，這是很令人痛心的現象。據此，當能夠撰寫〈孔孟在此，去去教條走！〉此篇文章，簡短介紹孔子、孟子的思想核心給諸位讀者時，個人十分樂意，也算是替儒家講述了一些較少為人理解的內容。

目前身在中國文化大學哲學系，配合系上的教學模式、對學生的引導與交流等等，可以把所學運用在實務層面；雖然此「實務」跟「賺錢」之間並無必然關係，卻能在這「互動關係中」共勉學習，也更深化自我、理解自我。也就是說，實踐中的操作與深層的體會，更是一種珍貴的「愛智過程」。這一個過程是無止境的，也自然讓我們成為永遠的學習者。

目次

 ## Practice I　規範

 ## Practice II　創作

Practice I

規範

社會規範約束著人的生活，然而人們為什麼要遵守規範？不遵循規範的人又有什麼理由？儒家思想在現代眼光中，經常被視作「教條」，然而「教條」是否是儒家思想的本意？

道德規範真的是相對於一個人所處的時空、文化與社會嗎？還是普遍適用於所有人？道德具有客觀性嗎？還是其實是人類主觀心靈的產物？本章帶你進入道德哲學的殿堂，一探究竟。

孔孟在此，去去教條走！

蔡龍九

　　道德是儒家諸多價值的核心❶，但在當前教育下，常有過度簡化或誤解的現象，更常被認為是種無條件遵守的道德教條。例如：有人誤以為我們非得讓位給老人不可，即使被插隊了也不得有怨言，因為這是「敬老尊賢」。但真正的儒家哲學思想並不會支持這種教條盲從，畢竟值得被尊重的老人並不是年紀上符合老年即可。❷「道德教條」就是別人要求或規定我們一定要遵守它，而不導引我們理解其中的深刻意義。尤其當規定者無法以身作則或要求一致時，自然易讓人認為「道德」是一種「被規定」且又是強制、充滿權威的內容，反感於是產生。但儒家何其無辜？這些不符合儒家內在精神的要求都算到儒家頭上了！那麼儒家究竟是怎麼談道德的？

　　讓我們藉抽象思考來促發反思，並透過此脈絡來導引讀者們理解儒家所重視的要點。若把「對象」用 X 來代替，而「行為」用 Y 來代替，談論的主軸可以暫時化約為：「X 需要被 Y 嗎？」Y 常常是你被要求的「道德教條」，X 常常是此「道德教條的使用對象」。此章將由此問題做開頭，嘗試真切地理解儒家到底怎麼談「道德」；內容涉及什麼才算是道德、道德內在精神，甚至是道德判斷等諸議題。

「道德」內涵是從日常生活被透顯出，而非「教條」

「道德教條」與「反感」

　　這裡反省的「道德教條」，就是別人要求或規定我們一定要遵守它，而不導引我們理解其中的深刻意義。比如老爸跟孩子說，不管怎樣都要孝順我。當「孝順」成為道德教條而被強迫實行時，常常會產生副作用。此外，若要求或規定你的那個人常常選擇性的做，或是做不到，甚至做相反的，那麼在這種教育氛圍之下，自然讓你認為「道德」是一種「被規定」而且又是強制、充滿權威的內容，很容易產生反感。但實話說，這些要求者（們）不讓你知道，也無法讓你知道，「道德」應是一個（或多個）以身作則的人，在共勉的實踐與問題討論中，導引彼此理解、落實「道德」的「內在精神」。

　　上述僅是簡單反思，初步希望讀者們不需被「道德教條」綁架。接下來，本文將配合孔子、孟子的論述，讓讀者理解儒家真正的道德究竟是在說什麼。

道德教條的「內在精神」是對「所有人說」，而不是「上對下」的要求

　　孔子曾對某個「老人」說過：

> 幼而不孫弟，長而無述焉，老而不死，是為賊。
> （《論語・憲問》）

【語譯】年輕不懂事，該做的事情沒做，不知道謙遜待人；老了，沒甚麼可稱道的。既無法獲得他人尊重，也還活著沒死，簡直是「賊」！

沒有老人該有的「樣子」，還要別人尊重體諒他甚至讓座？直接地說，可以不用。孔子不是「敬老尊賢嗎」？是的，但也要看對方是否值得尊重。在儒家的思維上，亂插隊的老人只是「年齡上」是老人，「內涵上或精神上」不配成為「該被敬老尊賢的人」。孔子曾說老者「戒之在得」，意思是說，人老了，很多人尊重、體恤你；但也因為如此，老人所受的的待遇（所得到的待遇與尊重），自然比年輕人還來的多一些些。這些待遇，就是所謂的「得」。身為老者，不能自以為是，因此對於「所得」，如別人的禮讓、尊重⋯⋯等，必須戒慎恐懼。真能如此，才能較接近孔子所認同的「老人的樣子」。因此，自己反省是否有那個資格來受到他人的「尊重」，反而是儒家重視的事情，而不是一味地要求別人。

　　讀者或許有所疑惑，讓座還要先判斷對方是否值得被尊重？又要如何判斷呢？請不要誤會，前述強調的是自我反思是否值得他人尊敬，而非教導人下判斷。儒家強調的內在精神是以自我反省為出發點，承繼儒家精神的孟子，也對所有人說過類似的話：

> 愛人不親反其仁，治人不治反其智，禮人不答反其敬。行有不得者，皆反求諸己⋯⋯。（《孟子・離婁上 4》）

【語譯】如果愛一個人，卻無法產生親近的感覺，我們就要反省自己是否真的從內心無私的仁愛出發，還是只是用

自以為是的愛來愛別人。對應別人時，若無法得到穩定和
諧的狀態，我們就要反省自己是否在此次的對應中有足夠
的智慧。對待他人時，雖然符合所謂的「禮貌」，卻無法得
到應有的回應，我們就得反省自己行「禮」時，是否真的
發自內心的真誠恭敬。所有的行為落實，得不到應有的回
應，我們應該都要先反省自己……。

上述，孟子很明顯是對「所有人」說（當然也包括老人）。孔子不
會在要求學生做道德的事情時，自己卻不努力去做；他反而是會
跟弟子們、志同道合的人一起相互勉勵、鼓勵，這個就是所謂的
「共勉」系統。❸歡迎讀者對號入座來自我反省，當然也包括作
者我自己：我有扮演好兒女的角色嗎？我有做到父母該有的樣子
嗎？我有盡到老闆或員工的職責嗎？我值得被體諒嗎？
　　儒家對內在精神的重視也出現在其他脈絡，例如：

人而不仁，如禮何？（《論語・八佾》）

【語譯】 人如果沒有發自內心的真誠無私，外表上合乎
「禮」又如何呢？

舜明於庶物，察於人倫；由仁義行，非行仁義也。
（《孟子・離婁下 19》）

【語譯】舜這種聖王，明白通達於眾物，細查於人倫日用
之事。他是從內在的仁義精神去落實的，而不是去做那些
外表上看起來像仁義的事情而已。

上述可知，儒家重視的「意義」絕非外在行為而已，更重視行為時的「內在」。而這種「內在」與「外在行為」結合時，才是儒家認可的意義。真正理解儒家精神的人，不是因為「道德教條」才去做某件事。真正關心生病的好友，不是「道德教條」強迫我，我才去探望；相反地，正是因為我純粹地關心朋友，所以我才去探望他、去問候他。真誠探望之互動，是內在精神（真誠）與外在行為（探望）結合的結果，可讓探望者與被探望者均感受到某種正向而不會反感，而產生「探望的真正意義」。儒家就是在這樣的觀察與自我要求下，對所有事、所有人，用這種模式引導而實踐的，而非呆板地落實道德教條上所說的。據此，儒家自然也不會反對你去理解或落實所謂的「道德教條」（如孝順、探望朋友），但要留意：真正的儒家並沒有把這些規定只當作教條看待。

再以「孝順」這個常常被提及的「道德」來說，孔子指出：

> 今之孝者，是謂能養。至於犬馬，皆能有養；不敬，
> 何以別乎？」
> （《論語・為政》）

【語譯】現在認為孝順是能夠養育父母，至於犬、馬，我們也能養育牠。若沒有「敬」的內涵在其中，如何區分呢？

「孝順」的行為必須有著內在層面（內心、內在精神）的「恭敬」才是「真正的孝順」，空有行為上的照樣不能謂之孝順。但儒家也提醒，若「恭敬」也變成是形式的一環，仍不能謂之有「孝」，因為多數人將這段文字理解成要強迫自己去 「刻意操作」 一個叫

「敬」的內涵來「孝順」，好像連同「要有內在的尊敬」都成了一種教條，這也是「流於形式」的操作。孔子反而提醒，是由於內在層面（敬）而讓「孝順」產生了「真正的意義」，既不是由於外表的照樣行為，也不是刻意的尊敬，這是有別於以往僵化形式互動下的「孝順」的「新的意義」。同理，父母與子女之間，將不是「我養你、你養我」這樣的「意義」而已，將因為那份內心而有「新的內涵與關係」，這就是「新的意義」。

儒家的道德思想特色，重視的是內在意涵，強調的是自我反思。在這樣的視野之下，人類的活動將不只是表面上的互動，而成為道德上的互動，進而產生各種道德意義的關係。

儒家的「道德判斷」初解

儒家在道德上重視內在精神，但應該如何將此內在精神應用在各種複雜的情境呢？例如：一個插隊的老人是因為家中有急事而插隊買票或上車，我們應該如何回應呢？讓我們從有名的「父子相隱」出發來看看儒家在做道德判斷時會有什麼考量或原則，再回過頭來思考這個例子。

以價值核心為基礎做出的「權衡」

「父子相隱」呈現的道德兩難的問題如下：

葉公語孔子曰：「吾黨有直躬者：其父攘羊而子證之。」孔子曰：「吾黨之直者異於是：父為子隱，子為父隱，直在其中矣。」（《論語‧子路》）

【語譯】葉公跟孔子說：「我們鄉黨這裡，有落實『直』的人：他父親偷羊了，身為兒子的出面指證他的父親。」孔子說：「我們鄉黨這裡落實『直』的狀況跟你說的不一樣：發生偷羊的狀況，父親會替兒子隱瞞、兒子會替父親隱瞞，而『直』也表現這樣的情境中。」

上述，涉及道德判斷與道德兩難問題，包含所謂的「情」與「法」之考量，更可涉及內心動機與考量依據等複雜問題，而這些都是很重要的倫理學議題之細部。然則，孔子如何說明「父子相隱」也是一種「直」、是符合儒家的道德考量之下的行為呢？為什麼孔子要對葉公說出「父子相隱」的提醒？首先導引讀者們分析上述問題：

1. 孔子有沒有說葉公的主張必然錯誤？其實沒有。
2. 孔子有沒有說自己的方式才是唯一正確的?其實也沒有。
3. 有沒有可能孔子在想「舉發」與「不舉發」既不是正確，也不是錯誤？
4. 孔子的思路顯示出，有某類問題沒有正確的答案。他提醒葉公所謂的「直」至少有兩種表現形式，一種是毫無情感的正直，一種是基於情感的直率表現。也就是說，會不會孔子的談論重點其實是一種補充說明？❹
5. 有沒有可能細部的重點反而是在提醒，我們要如何視情

況、依據什麼依據考量來落實哪種「直」呢？

常有人誤解孔子是主張「相隱」才是對的，這樣反而忽略整個問題的思考脈絡。因為，在某 A 偷羊時，我們不清楚 A 偷羊的動機、目的……等，「舉發」是唯一正確的做法嗎？至少孔子認為並非如此。相反地，無條件的一直「不舉發」也不是孔子贊成的，細看原典，孔子也沒有這種主張。一件事如何面對與解決，對孔子來說，當然是以道德考量來應對。而應對的時候不只是簡單的下判斷而已，還包括「我們是用什麼發心跟考量」來面對這個問題，而展現出後續判斷的？例如：我們替父親隱瞞偷竊，是在什麼動機考量之下隱瞞的？是毫無是非觀念下，隨興的隱瞞？還是知道父親有苦衷只好偷兩條麵包，只為讓全家人活下去，因此暫時無奈地隱瞞？若舉發父親，我們是忍痛大義滅親，因為父親總是不斷地偷竊？也就是說，儒家重視「基於什麼動機跟目的」而去「大義滅親」或「隱瞞」，而不是直接給你「正確答案」。

回到此節一開始的導引，老人插隊了是否一定要罵他或批判他呢？儒家哲學所考量的，不全是罵不罵的問題，正如同父親偷羊，也不是舉證不舉證的問題。若你真的能理解該老人插隊的過程與考量，即能有自信的批評，抑或很有自信的去包容體諒。儒家認為道德問題相當複雜，很難去得知某對象的表面行為的內在考量與脈絡，因此儒家轉而「反省自己」即可。因為我們最清楚自己「插隊」的原因與考量，所以對自己做出審視即可。而這裡的「插隊」只是其中一種行為，我們可以帶入所有的行為來反省；而這裡的「自己」，亦呼應上一節的提醒，是針對「所有人」說的。

上述這種思考模式，就是有名的「權衡」思維，在孟子的思想中，則更加清楚完備。

孟子權衡思想簡介

孟子的「權衡思想」不外乎三個很重要的原典，若能清楚理解其中脈絡，即可理解孟子如何「權衡」所有事情：

> 權，然後知輕重；度，然後知長短。物皆然，心為甚，
> 王請度之。
> （《孟子・梁惠王上7》）

> 【語譯】秤錘秤物，才能知道物的輕重；尺去量，才能知道物的長短。萬物皆是如此被衡量著；而內心，更要是如此。請王，好好的反省自己的內心，是以何種基礎與標準為考量，去衡量事情的。

上述，孟子談論所謂的「權」是秤物而知輕重的過程，談至「心」時，他指出從「心」上來說時，更需注意此種「權、度」的衡量過程，也就是自我檢視內心之工作。而檢視內心的工作，當然是緊扣著儒家的價值核心──「道德」。用「道德」內涵來檢視自己的內心，如同檢視具體事物「輕重長短」那樣測量、衡量，以產生對外的衡量與判斷。孟子當然不是說以道德檢視內心，對外界之衡量、抉擇時可以如具體事物有一個「量化標準」，而是請齊宣王反省是否以道德為基礎去衡量對應外在事物。此種以內心稱度

衡量的談論，孟子將「權」視為一種內在考量，是一種視情況得應時制宜的作為，同時內含道德原則。若扣緊上一小節的談論來說，一個插隊的人，必須知道插隊的內在考量是否符合道德，還是為了滿足私慾多些，然後再去決定下一步。

問題與思考：
這裡讀者們不妨嘗試思辨，「行為」若以「插隊」當例子，當你得知他的內在考量與理由之後，哪些你較能體諒？哪些是你很難包容的？「行為」可以無限代換，例如「遲到」、「蹺課」等等。你較能體諒寬容的，是否偏向道德或正義等等方向？據此來看，闖紅燈的救護車我們似可以體諒，甚至認同。儒家正是要在表面的行為上，讓我們去學習如何奠定價值核心，以使它成為內在原則，自然地依此為基礎來考量諸事，而非僅僅給予一個制式化標準作為行為依循的教條。讀者們深思後，也可以延伸至「（表面）正向行為」而將問題改寫成：同樣是「捐錢」，而怎樣的「捐錢」你比較認同（如 A 無私地捐錢）？哪一種你比較不認同（如 B 只是為了炫富）？歡迎讀者持續討論、思辨下去！

這種涉及自我檢視的權衡，很容易遇到一個問題：不同價值核心的人，自然也會有不同的作風，孰對孰錯呢？孟子曾綜合地說：

> 孟子曰：「楊子取為我，拔一毛而利天下，不為也。墨子兼愛，摩頂放踵利天下，為之。子莫執中，執中為近之；**執中無權，猶執一也**。所惡執一者，為其賊道

也，舉一而廢百也。」(《孟子・盡心上 26》)

【語譯】孟子說：「楊朱學派主張『為自己』，所以拔一根汗毛對天下有利，他也不會去做。墨子主張『兼愛』，所以只要對天下有利的，即使頭髮磨禿、指甲磨斷，他也會去做。子莫這種人主張『中間路線』，執著於中間比較接近正道，但執著在中間路線卻沒有權衡的思維，就猶如執著在一種作法上。我之所以厭惡執著一種路線，是因為他們損害了正道，只主張標舉一種方法，而廢棄百百種其他可能的方法。」

上述，孟子批判了三種行為模式。我們暫且不去討論孟子批判的內容是否全部正確，先攫取批判用意可知，孟子並不希望我們只有「單一模式」的作法。上述三種模式之間，其實藏有千千萬萬種可能，孟子反而是要我們培養一種基於道德考量下的自信，做出該有的判斷與行為。

　　權衡範圍包含所有可能的做法，每一種做法都不應該被強制排除，而是以價值核心（道德義理）為內在考量基準去思考可能的做法。例如該保護自己的時候就保護自己，該中間一點就圓融一點，行有餘力或自己心胸足夠就去幫助更多的人。因此，在行為上儒家可能沒有所謂一般人常識上的「底線」，假如真的逾越底線，反而是「沒有從道德義理這個價值核心」來考量。我是否應該多包容一點？是否改原諒別人？是否應該再勇敢或柔和一點？諸如此類都可以，只要是基於價值核心所下的判斷，都可以做或不做。更需注意的是，孟子甚至認為基於價值核心的考量下，即

使是違法之事也可以做，但我們要勇於承擔，而不是衝動、不顧後果、盲目的去做。

問題與思考：

例如，「蹺課」是應該的嗎？所有行為對孟子而言，要依據考量而定，而不是要我們去死守「道德教條」模式下的「不能蹺課」。若蹺課是為了照顧生病的母親等符合「道德義理」之考量，孟子當然不會反對，甚至會支持你。但重要的是，你必須承擔這樣做的行為後果，而不是，也不可以「強迫老師要體恤你，不記你曠課」，這種期待就猶如有好理由插隊的人，卻要強迫別人體恤你。孟子論「權衡」是一個很深邃的內涵，然而只是第一步；別忘了後續的「承擔」也相當重要，因為「承擔」本來就是道德責任之一。特殊狀況下，若我們真能有所承擔，且基於義理考量，違法的事情也做，但那終究是「違法」，儒者也相當清楚這點。最著名且強烈的主張，就是孟子支持「革命」。這裡，讀者們不妨繼續思考「什麼考量下的革命，是孟子認同的？或說，是你認同的？而你認同的考量依據是什麼？」而所「承擔」者，又包含哪些內涵呢？延伸來說，「是否要跟父母吵架」、「違法去抗議」、「公民不服從」等等議題，我們又如何思辨之？

回到剛才的問題：不同價值核心的人自然會給出不同的反思結果，該如何說誰錯誰對呢？因著「道德義理」為核心的考量，儒家主張的是，很多事情除了遵循原則之外，尚須「權衡」，且是帶著自我反思下衡量各種選項來「通權達變」的。因此，孟子曾說出補充孔子的話：

　　大人者，言不必信，行不必果，惟義所在。

　　（《孟子・離婁下 11》）

　　【語譯】有德的君子，說話不執著於信用，實踐不執著於
　　有始有終，只要他的具體作為是內在考量上符合義理的，
　　就可以。

孟子的說法與孔子曾說的「言必信，行必果」其實並不矛盾，反
而是一種補充，請讀者們細看述說脈絡。❺如此便可類推，什麼
樣的「信用」與「有始有終」可用「道德義理」為核心考量而「言
而無信」或「放棄」呢？而後續的承擔又是什麼？非常歡迎讀者
們自行思辨下去。

「道德」來自於自我

　　道德的核心意義與判斷，相信在上兩節已初步簡要介紹了，
希望讀者們結合日常生活來體驗、思辨，以理解「非道德教條的
道德」。然而如果權衡依據的是道德義理，這道德義理又是從何而
來的呢？

道德來自於「自我決定與認可」──不是別人給你的

　　道德義理的運用涉及的是我們建立了什麼價值體系，可以說
檢視道德義理的來源就是在檢視所建立的價值。孔子想提醒我們，
人類對「價值」的肯定與認可，最終應來自於「自己」而非他人；

同時，「自己的價值」要能顯現，不一定得仰賴他人的評價，讓我們繼續細究其中含義。

回到孔子的時代背景，那時認為的「好」或是「別人評價下的好」，是會框限我們的。「合乎禮」是其中一個評價跟價值認定，在此框架中長大，一開始還小，什麼都不懂，而你的價值（要成為有禮貌的小孩）是被灌輸甚至是被強迫的。同時，你處在他人的評價之下，進而產生是否被認可的情況（不禮貌就是不乖，不受疼愛等）。因此，極端一點來說，自己根本無從決定價值，總是只能照著別人（父母、長輩、家庭環境、社會氛圍等等）給你的「價值」而已。用比喻來說，就是把你變成「道德教條」的執行機器人，很難有自己決定的內在依據，因此很難出現你自己認定的「價值」，這是孔子所反對的。

孔子就是因為觀察到這個現象，便試圖反省禮制。他認為真正的「道德」雖然可以透過教育、教導來讓人理解，但真正的關鍵是，我們是否真能在互動中與相關感受中，「自己」認可這個價值、「自己」決定這個價值是你要的。而這種「自我決定」或「自我認可」，並不是「別人給你」的，即便一開始這樣的價值是聽到、看到或被告知的。但也因為來自於「自我」的認定與決定，當這個道德價值內涵被你貫徹實行後，便可以「自己評價自己」而不需要別人來評價；也就是說，我們將會很有自信，不需要活在他人的評價或理解之下。

問題與思考：
是否會有自我意識過高，或是道德魔人之類的人出現？以儒家的思想體系上來說是不會的。簡單地說，人類的道德自省能力應是從小

到大，大家一起培養的，不是突然來個反思訓練就會穩定保持，所以不會只是滿足自我意識即認為「是」；而無私地聽取他人的建議，也是一個基本的道德行為。另一方面，自我對於道德的體會與認可，雖然看似主觀，但也需要放在客觀環境中來實作與辯證。例如，儒家雖肯定道德上「應不應該」的那份道德自我（義）來自於「自己」，但不代表這樣的人不需要與外界接觸相處、共同活動、接受質疑而後再調整。也就是說，內發的道德意識與認可，還需要透過外在客觀的環境與其相應，才能愈產生穩定和諧、愈臻完善的狀況。當然，我們可以說儒家的缺點之一就是，沒能清楚說明這份主客觀之間的愈臻穩定和諧、完善的樣態之過程，有什麼精準明確的依據點。畢竟只因為儒家相信人的道德自我（包含自省與改進）及其開展，這樣是否過於樂觀？這部分有很多思想家或哲學家，甚至是讀者們，都可能會有很不同的看法。

　　上述的觀察，同樣也適用在當代。我們常常活在他人的評價中，活在他人所建構期許的價值中。這種「別人給你的」價值評斷雖然不是錯誤，有時甚至是某種正面的期許，但若不是自己認同認可的，恐流於形式教條。因此，重點反而是，我們被教導或被導引的過程中，能否自行去體認篩選自己認同的價值。這份「自我決定」或「自我認可價值」的過程是自由的，是別人無法百分之百影響你的。我們可以隨時自由地去思考、認可我們所認為的價值，並承擔這個價值的相關付出與後續代價。

　　與其說孔子要我們思考要做哪一種人、勸勉我們要做一個道德價值的主體，倒不如說，孔子是要我們真正的理解道德內涵之後，自己來決定或認可「道德」，建構屬於我們自己的價值主體。

來自自我的本能——孟子的「人性論」

　　孟子如何說明道德義理的來源呢？這就要提到孟子主要且著名的思想，大眾耳熟能詳的「性善論」。二千多年前的孟子對「人性」的觀察有他獨到與細膩的一面，不建議僅用「人之初，性本善」這六個字來簡單帶過他的「性善論」。

　　孟子的「人性論」有兩個重要內容，翻成白話來說，即是「道德天性」跟「非道德的天性」（形色天性）。❻「天性」指涉的意思就是「天賦」或「本能」。「道德天性」是「性善論」的內容；「形色天性」是人類跟禽獸一模一樣的天賦本能。先簡單澄清一個要點，「性善論」絕對不是說「性『全』都是善的」，而是「人類天性中『有』善」。

　　為何用「天賦」（天性）來描述？孟子的觀察是，人類有「道德」跟「非道德」兩個方向的本能反應。這種「本能反應」所指涉的，即「不透過教導學習」的那種模式。簡單來說，若舉「口腹之欲」來說，吃到好吃的食物，我們想再吃到，這種欲望不是「學來的」、不是「別人教你的」。吃到後覺得滿足，「覺得滿足」的「感覺」，也是別人教你而導致的嗎？孟子認為不是。同理，生病危難時，朋友的幫助覺得「很感動很溫暖」，這種「感動跟溫暖」孟子不認為這是誰教會你的。因疫情盡心盡力的醫護人員，覺得他們那樣做是好的、是對的，我們覺得很感動。這種「盡心盡力的救人是好的、是對的」的判斷依據，孟子認為這不是別人教你的。自我的那份「感動」，孟子也認為這不是別人「教導你」，你才會「感動」的。當你看到一個無辜的嬰兒被虐待，產生「不

忍」，甚至會想救他，這種道德心（孟子的詞是「惻隱」與「不忍」）的出現，孟子認為也不是別人「教你的」。

　　據此，孟子認為「善」或說「道德」的自我❼，在最原初並非來自於「教育」導致，而是某種「天性」。同樣地，人類的感官欲望（形色天性）與後續的感受也不是別人「教育你」的。接下來，就以孟子曾討論的問題來鋪陳其說：

　　人類史上第一個「埋葬親人的人是誰」？其背後的來源是？❽

上述問題，孟子不以「隨便」、「隨興」這類的內容去解釋。也就是說，孟子認為埋葬親人必有個「背後來源」❾——指涉「內心上的感受並促發後續之考量」。而這個「背後來源」，是觸發某人後續會那樣做的原因。務必注意的是，第一個那樣做的人，並不是有人教他（甚至是強迫他）要這樣做，因為之前沒有人這樣做過才叫做「第一個」。孟子直接以「不忍」來解釋這個「背後來源」，即便人類史上第一個埋葬親人的產生情境，看起來是隨機的，此如同孟子曾說的：

　　今人乍見孺子將入於井，皆有怵惕惻隱之心。（《孟子・公孫丑上 6》）

　　【語譯】突然看到小朋友快掉到井裡頭去，我們會有驚恐、不忍的心出現。

此句相信讀者們再熟悉不過，後面接續一個很重要的補充，凸顯「惻隱之心」當下之「發」（開顯），有某種自然且純粹的開顯狀態，並不用依靠思辨，去考量動機、目的而即能產生的自然流露❿，如同本能一般。而此種「惻隱」或「不忍」的內在，孟子認為是先天具在於人類自身，而不是透過「教育」來教會我們「惻隱」或「不忍」。

孟子對人類的兩方面的「天性」的細膩處大致如上所述，讀者們可以自行思考是否合理，是否合乎自身的體驗，也可以提出批判。略晚於孟子的荀子，他主張的「性惡論」也是一個理論代表，認為人類的天性極可能導致「惡」，而道德（或說善）則全然來自後天的努力，並非如孟子所說人類先天具有此特質。

「人性論」的問題頗複雜，探討非常多元，甚至不限於儒家，因為西方哲學也有很豐富的談論。因此，筆者建議採取「開放的態度」來思辨討論，並非一定要限於一種學說。不論是孟子的「性善論」，荀子的「性惡論」，甚至西方大哲康德 (Immanuel Kant) 不相信「人性」之內涵，盧梭 (Jean-Jacques Rousseau) 的人性論等。建議讀者們理解思想家們「如何述說」，細觀其「論說的脈絡」是什麼。而不是輕易的使用他們的主張，套在所有的現象來硬解釋，甚至互相吵架。最後是，「人性論」並非談論道德哲學一定得涉及的課題，但許多哲人對道德的關懷談回「人自身」時，常有其深刻的反省，進而思辨、觀察人類的原初樣態，產生很多元的主張。不論誰的「人性論」比較正確或合理，我們都應先嘗試理解該哲人如何反省人類的問題，以及他們提出的「道德哲學」或「人性論」究竟帶來什麼教育意義。於此同時，留意哪些是我們可以學習、或是引以為戒的，而哪些是可以再批判思辨、促發討論的。

　　最後，此文雖然無法完備地說明，但仍希望讀者們理解真正的儒家原始精神。當自己真正有了內在依據與肯認，才有真正的道德行為（內在與外在行為合一）；反之，以「道德教條」強迫、制約等等方式行事，會在不理解真正儒家哲學精神的情況下逐漸成為了主流，更以為儒家的道德只不過是「強迫人行善的口號」而已。孟子曾經說過一個比喻非常重要，翻成白話文翻譯後筆者擷取如下：「對道德殘害的重大行為之一，就是強迫做道德……。」⓫這樣子的說法，是否比較合乎你心中所想、所體會的呢？儒家談道德，往往很深邃，還請諸位讀者們，與筆者持續共勉、思考下去。

附註

❶　「諸多價值的核心」（以下簡稱「價值核心」）在此文的操作型定義是指涉「最高的價值」，而成為某思想家或某學派的最重要核心思維，甚至成為其終極關懷。例如，道的價值核心是「自然無為」，墨家是「兼愛」與「義」，蟹老闆是「錢」，而你自己是？儒家以「道德」為價值核心並不難理解，但讀者們要留意的是，儒家以「道德」為價值核心時，並沒有否認其他的價值，而是其他的價值相對來說是「相對次要的」。例如，「金錢」、「友情」、「男友」、「女友」、「禮法」、「生命」等價值仍舊是儒家認同的，只是要在「道德」這個價值核心上來考量之。

❷　這邊的提醒主要是說明「尊重老人」在真正的儒家精神中，並非強制性的「道德教條」。若有一個老人言行不好，你基於尊重「禮」或因為心胸寬大要尊重他、原諒他……等，這也是你的修養下可以承受的範圍，儒家不會刻意阻止你。但反之，儒家不會強迫你去尊重一個「不值得尊重的老人」。

❸ 據此，孔子並非以「高高在上」的老師自居，反曾說：「十室之邑，必有忠信如丘者焉，不如丘之好學也。」（《論語·公冶長》）又說：「我非生而知之者，好古，敏以求之者也。」（《論語·述而》）都是自稱自己是「好學」的學習者。另一方面，孔子也知道學習「道德內涵」（非僅是道德知識）並非因為年齡或身分的不同，就會變得高尚，而是端看個人如何學習與累積、實踐。故針對德行出眾的弟子顏回，孔子對子貢說：「弗如也；吾與女，弗如也。」（《論語·公冶長》）

❹ 此問題可以改寫成很多種，例如某 A 說：「我們這裡的老師很追求『公平』，59 分都不加分，一定當你。」而 B 說：「我們這裡的老師落實『公平』的方法跟你說的不一樣，他會觀察學生的學習態度……等其他，不是僅以毫不加分來表現『公平』。」B 說「不一樣」，並非僅是一種反對，而可能、也可以是一種「提醒」或「補充說明」，促發 A 對「公平」的表現模式，有別種想法。歡迎讀者們接續改寫這類問題，除了可以接近孔子的提醒用意，也能貼近日常生活，以產生多元的思辨。

❺ 孔子不認為死守呆板原則（言必信、行必果）的人就是最好的，甚至是很次要的水準，讀者們可細讀《論語·子路》：「子貢問曰：『何如斯可謂之士矣？』子曰：『行己有恥；使於四方，不辱君命；可謂士矣。』曰：『敢問其次？』曰：『宗族稱孝焉，鄉黨稱弟焉。』曰：『敢問其次？』曰：『言必信，行必果；硜硜然，小人哉（識量狹小而不懂變通的人）！抑亦可以為次矣。』曰：『今之從政者何如？』子曰：『噫！斗筲之人，何足算也！』」

❻ 孟子的「形色天性」泛指「感官欲望」這類天賦。曾以「耳目口鼻」、「四肢」為例，承認人類有此天性，而此部分的天性欲望並不能無節制地去滿足，需要靠「心」的自省與思考，來對應「形色天性」。有興趣者可細讀《孟子·告子上7》：「口之於味也，有同耆焉；

耳之於聲也，有同聽焉；目之於色也，有同美焉……。」《孟子‧盡心下 24》：「口之於味也，目之於色也，耳之於聲也，鼻之於臭也，四肢之於安佚也；性也，有命焉，君子不謂性也……。」《孟子‧告子上 15》：「耳目之官不思，而蔽於物；物交物，則引之而已矣。心之官則思，思則得之，不思則不得也。此天之所與我者，先立乎其大者，則其小者不能奪也：此為大人而已矣。」

❼ 請留意這裡的「道德自我」還包含了對「道德的直覺認可與反應」，例如別人對我好，產生的「溫馨與感動」這類產生認可或接受的反應。

❽ 此問題來自孟子與墨家後學者夷之的間接對話，見《孟子‧滕文公上 5》：「蓋上世嘗有不葬其親者：其親死，則舉而委之於壑。他日過之，狐狸食之，蠅蚋姑嘬之。其顙有泚，睨而不視。**夫泚也，非為人泚，中心達於面目。**蓋歸，反虆裡而掩之。掩之誠是也，則孝子仁人之掩其親，亦必有道矣。」此問題的回答是開放的，此處筆者以孟子的思維脈絡來凸顯他的主張（性善論），讀者們可以透過自己的思辨來回答這類問題，甚至是自己改寫問題。例如比孟子更早的時代已有「男女授受不親」的「禮」，我們可以追問：「人類史上第一個覺得『傳遞物品不應觸碰到女性的手』的人是誰？背後來源是？」

❾ 這裡的「背後來源」類似「理由或原因」，但筆者不以「理由」一詞來述說，是因為以「理由」這類語辭來敘述時，較容易涉及「理性思考」或「考量」。孟子認為人類會開顯「不忍」甚或產生後續「救人」等具體行為，不一定是理性思考後而有的，一開始可以是當下的「本能反應」，因此他主張，這種道德反應是天賦的，是本來所具有的。而後，人類透過直覺感受、理性思考或考量等綜合內涵下，認同並且保有此「本能反應」與「天賦」，而被人類延續下來產生更細膩的道德內容。據此孟子的意思是，當時空背景吻合時，我們將

自然開顯出這種「道德反應」，哪怕只是一瞬間。

❿ 《孟子·公孫丑上6》：「非所以內交於孺子之父母也，非所以要譽於鄉黨朋友也，非惡其聲而然也。」

⓫ 語見《孟子·公孫丑上2》：「必有事焉而勿正，心勿忘，勿助長也。無若宋人然。宋人有閔其苗之不長而揠之者；芒芒然歸，謂其人曰：『今日病矣，予助苗長矣。』其子趨而往視之，苗則槁矣！天下之不助苗長者寡矣。以為無益而舍之者，不耘苗者也。**助之長者，揠苗者也；非徒無益，而又害之。**」這是有名的「揠苗助長」成語的來源，主要是說明「道德仁義」這一價值核心的相關養成，並不是用「強迫去做」、「硬拔幼苗」的形式來操作的。在大學授課期間，發覺很多同學知道這個成語，但大多卻不知道「揠苗助長」是用來比喻「與道德有關的成長過程」，而僅理解為一耕耘者的錯誤行為而已。

參考書目

參考資料

謝冰瑩等編譯 (2007)，《新譯四書讀本》，第六版。臺北：三民書局。

　　(此書的白話翻譯頗通順，方便讀者入門儒家原典)

延伸閱讀：有關原典註釋

黃懷信 (2008)，《論語彙校集釋》。上海：上海古籍出版社。

　　(此書較專業，也很難買到，很推薦的註釋版本)

程樹德 (2013)，《論語集釋》。北京：中華書局。

　　(此書較專業，可提供讀者較深邃的內容)

朱熹 (2005)，《四書集注》。臺北：頂淵文化。

（朱熹的註解雖非完美，但卻是很重要的註解版本）

王邦雄等著 (2018)，《孟子義理疏解》。臺北：鵝湖月刊社。

（分類疏解孟子的哲學思想，並非白話翻譯喔）

延伸閱讀：哲學專書

牟宗三 (2009)，《心體與性體（一）》，第一部綜論的第二節。臺北：正中書局。（頗專業的書籍，可深度理解儒家的特質）

唐君毅 (2006)，《中國哲學原論（原性篇）》，第一章。臺北：臺灣學生書局。（頗專業的書籍，可深度理解儒家的特質）

徐復觀 (2014)，《中國人性論史：先秦篇》，第四章與第六章。臺北：臺灣商務印書館。（頗專業的書籍，可深度理解孔子、孟子的思想型態）

勞思光 (2010)，《新編中國哲學史（一）》，第三章。臺北：三民書局。

（頗專業的書籍，可深度理解孔子、孟子的思想型態）

當然上面的列舉只是部分，有關儒家的典籍與專著實在太多了。然而，針對初學者來說，上述的書若能清楚理解並自行思辨、整合為一有系統的觀念，則已經非常夠用了。

道德是相對還是普遍?是主觀還是客觀?

祖旭華

　　本章討論介紹下列的問題：道德是相對還是普遍？是主觀還是客觀？道德相對主義者認為，道德相對於一個人所處的時空文化社會，每個時空文化社會都具有不同的道德規範，並沒有普遍適用於所有時空文化社會的道德規範。道德普遍主義者則抱持相反的看法，主張有普遍適用於所有時空、文化與社會的道德規範。本文首先介紹這兩者之間的爭辯，其次介紹道德主觀論與客觀論的主張。道德主觀論者認為，行為的是非對錯是來自於個人主觀上的認定，行為並沒有客觀上的是非對錯。客觀論者則抱持相反的看法，認為行為的是非對錯是客觀的，不是由個人主觀所認定的。

相對主義與普遍主義爭辯
——有沒有普遍適用於所有時空文化社會的道德規範存在?

　　新冠肺炎病毒剛開始全球大流行的時候，臺灣政府就規定在許多公共場所或密閉空間必須要戴口罩，這項防疫措施，獲得了大多數民眾的支持與認同，認為這麼做不僅可保護自己，也可以保護他人。但在美國或許多西方社會裡，很多人不願意戴口罩，甚至認為政府強制民眾要戴口罩，是對個人自由的侵害❶。這裡

值得我們省思的是：同樣戴口罩的規定，在臺灣普遍被接受，但在美國或許多西方社會，卻被很多人認為侵害了他們的自由，是違反道德的作為。這似乎說明了西方社會所認同的道德規範，顯然不同於臺灣社會。在臺灣社會中，特別是在公共場所或密閉空間不戴口罩，置他人生命健康於不顧的做法，或許才是不道德的。不同社會文化在道德規範上的差異，讓不少哲學家思考，我們口中所謂的「道德」，會不會都只是相對於不同時空文化社會下的產物？會不會其實沒有放諸四海、普遍適用於不同時空文化社會的道德規範存在?這也開啟了相對主義者與普遍主義者之間的論戰。

相對主義

相對主義認為：沒有普遍適用於不同時空文化社會的道德規範，所有的道德規範都是相對於一個人所屬的時空文化社會；而道德規範之所以對一個文化社會的成員構成拘束力，是因為它受到該文化社會中的大多數人的認同。不同的文化社會中，大多數人所認同的道德規範可能恰恰相反。

這種相對主義的說法得到許多人類學家與社會學家的支持，最有名的支持者莫過於露絲·班奈迪克 (Ruth Benedict)。根據班奈迪克的論述，一個社會中所允許或甚至習以為常的行為，在另一個社會中，或許在道德上是被禁止的。❷舉例來說，在愛斯基摩人的社會裡，如果糧食不夠的話，可以允許將部落中年老的父母親餓死；但在臺灣的社會，這種做法顯然在道德上是不被允許的，比方說我們有「孝道」這種概念，如果真的糧食不夠，大概會認為應該要先把食物拿給父母吃。例如，在《二十四孝》的故

事中，其中一孝，就是楊乞行乞養親。在此故事中，楊乞一家一貧如洗，三餐不繼，楊乞乞討來的食物，若是父母親尚未食用，即便自己飢腸轆轆也未敢先嘗。此外，在非洲東部的一個部落裡，他們會將生下來有殘障或缺陷的嬰兒，丟到河裡溺死。這種道德觀也與文明社會的道德觀很不一樣，文明社會講究人權，所謂人權是只要生而為人都有的權利，有殘缺的嬰兒也不例外，殺嬰的行為顯然是道德上不被允許的。❸另外，在西藏有所謂天葬的習俗，在父母死後，會把屍體放到野外，當做禿鷹的食物，這跟漢人講究葬儀後事的道德觀也很不相同。這種任由禿鷹啃食毀壞屍體的行為，在道德上也是不被允許的。

　　這些例子似乎顯示出道德型態的多樣性 (diversity) 與相對性 (relativity)。換句話說，道德似乎相對於文化與社會，在不同的文化社會當中，會有很不同的道德生活型態。相對主義者更進一步指出，這每一種不同的道德生活型態之間沒有孰優孰劣，而僅有差異性 (difference)。任何一種對於其他文化社會道德生活型態的批評，都已經預設了自己文化社會的道德觀點才是正確的，而這是一種道德上的傲慢與偏見。也因此相對主義者認為，我們不應該用自己社會的道德觀去衡量另外一個社會道德觀，這兩種道德觀基本上是「不可共量的」(incommensurable)。

　　所謂的 「不可共量」 可以用科學相對主義者湯瑪斯‧孔恩 (Thomas Kuhn) 的例子來比較說明。❹根據孔恩的想法，亞里斯多德力學與牛頓力學是不可共量的，其原因在於：這兩套理論對於「力」這個概念有不同的刻劃，所以亞里斯多德力學中對於力的陳述，根本無法用牛頓力學來評估為真或為假，反之亦然。舉例來說，根據亞里斯多德力學，一個物體的自然運動，在尋找其「自

然靜止的位置」時，不需要施加任何外力，比方說輕煙會自然地上升到空中。然而，在牛頓力學中，輕煙之所以上升到空中，根本與尋找「自然靜止的位置」無關，因為這中間仍然有外力在作用。這顯示出牛頓與亞里斯多德，對於「力」有著非常不同的理解。我們不能根據牛頓對於「力」的理解方式，去說亞里斯多德對於「力」的理解是錯的，反之亦然。

同樣地，道德相對主義者認為藏人的道德觀與漢人的道德觀，對於道德上是非對錯的概念亦有不同的刻劃。因此當藏人說「天葬是道德上正確的」，這個陳述是真是假，並無法用漢人所理解的「道德上正確」的概念去理解評估。基本上，兩個民族與文化擁有不同的概念架構 (conceptual scheme)，就好比亞里斯多德的力學所使用的概念架構也不同於牛頓力學。相對主義者認為在此情況下，如果硬是要把自己文化社會裡的道德概念架構強加在其他社會文化之上，這往往流露出一種文化上的優越心態，也可以說是一種對異文化的歧視。

從歷史發展的脈絡來看，相對主義在當代的興起，其實是出於對十九世紀歐洲殖民主義的反思與反動。十九世紀歐洲人到非洲殖民時，通常都帶著一種文化上的優越感，想要在道德上啟蒙且開化那些蠻荒部落裡的人。但是這後來造成當地傳統的價值觀與道德觀的瓦解，反而造成許多原本沒有的社會問題。舉例來說，當時那些部落裡的人是一夫多妻制，這種制度在歐洲傳教士的眼中是難以接受的，因為根據他們所相信的聖經，一夫一妻制才符合上帝的意旨，也才符合真正的道德。所以，為了徹底實行一夫一妻制，他們會把先生與多餘的太太、小孩隔絕，而這造成了許多社會問題（如太太與小孩所感到的疏離感）。另外，這些部落的

人也不是出於自願而這樣做，他們根本不知道上帝的意旨是什麼；他們之所以這樣做，是因為歐洲人有槍有砲的關係。

　　為了矯正殖民主義背後的文化優越心態及其造成的禍害，相對主義提出了解方。相對主義認為道德規範是各個文化民族因時因地制宜所產生的結果，我們必須同情地理解。舉例來說，在加拿大籍著名小說家布萊恩‧摩爾 (Brian Moore) 的小說翻拍的電影《黑袍》中，魁北克省原住民的嗜血行為雖然看起來令我們難以接受，但是如果我們理解到他們生存環境的惡劣，就可以了解到他們的嗜血行為其實是為了自我保護，同時威懾敵人。而愛斯基摩人之所以在糧食不夠時，優先將糧食分配給年輕人而不是年邁的父母，主要是為了整個族群的延續。這些做法都有一定的合理性，我們不能因為他們的做法不同於我們，就將其貶低，我們應該對不同的道德生活型態有所尊重。

　　不知道讀者是否同意相對主義的主張？理由是什麼？你是否可以想到一些人類學或社會學的例子來支持或反對相對主義？

普遍主義

　　普遍主義認為：有放諸四海皆準、普遍適用於所有時空文化社會的道德規範，這種道德規範對所有人都有拘束力。

　　普遍主義者認為，雖然相對主義立意良善，且強調對於不同文化社會道德觀的寬容，但其主張事實上是錯誤的，因為的確有普遍適用於所有時空文化社會的道德規範。以下就三個面向來論述：第一個面向指出相對主義對於田野證據的詮釋太過膚淺；第二個面向指出普遍主義可以作為一種應然的主張；第三個面向則

企圖論述相對主義以社會文化中絕大多數人的意見為是非對錯的判準，並無法容納道德改革者。以下讓我們一一檢視。

(1)詮釋證據的問題：哲學家路易士‧波以曼 (Louis Pojman)認為雖然在不同社會中，有不同的道德生活型態，但這些不同的道德生活型態所傳達出的差異性只不過是表層的差異。❺其實就道德生活的深層部分而言，不同社會中仍然有共通的價值。舉例來說：在愛斯基摩人的社會裡面，雖然在糧食不夠時，放任父母餓死是被允許的，但這不代表在他們的社會中，沒有尊重長輩的概念。尊重長輩的表達方式可以有很多種，在愛斯基摩人所居住的惡劣環境下，或許延續整個族群的生存才是尊重長輩的最好方式。所以就這點來說，愛斯基摩人所具有的核心道德價值，或許跟中國社會裡講的孝道，差距沒有那麼大。只是這種深層的價值在不同的社會當中，有不同的表現方式（就像「愛」一樣，有人是用寫情書來表達愛，有人可能是帶著吉他跑到女生宿舍樓下唱情歌來表示）。所以人類學家或社會學家所觀察到的差異性，往往有可能只是表面上的差異，實際上仍然有共通於所有時空文化社會的普遍價值觀存在。

另外，像之前講到的東非部落殺嬰棄嬰的行為，這種行為似乎傳達出他們社會中，沒有人權這個觀念。但其實對他們的文化再稍微了解一點的話，就會了解在那些部落族人的觀念裡面，天生下來有殘缺的嬰兒，其實是屬於河神的孩子。擁有殘缺的嬰兒，就他們的道德觀來說，可以說是河神的權利。所以就算他們缺乏人權的觀念，但東非部落的社會與文明已開發的社會仍然共享著「權利」的道德觀念。不能僅僅因為觀察到兩個社會文化在道德作為上的表面差異，因此就輕率斷言，這些看似南轅北轍、互相

衝突的作為背後不受深層共通的道德價值所規範或驅動。

　　最後，回到西藏的天葬的儀式來看，放置親人屍體讓禿鷹分食的行為也不能說明西藏人的道德觀——就深層部分而言——跟漢人社會有所不同。畢竟西藏人相信，在人死後靈魂已經離開了死者的軀體，將死者無用的軀殼布施給禿鷹，好讓禿鷹在飽食過後不會去傷害其他生命，是幫助死者完成一件善行。所以，在西藏社會與漢人社會中，對死者的尊重都是共同擁有的價值，只是表現方式不一樣。

　　另外，可以補充的是：有些行為在所有時空社會文化似乎都是被禁止的，像近親之間的亂倫性行為。最有名就是希臘悲劇裡面依底帕斯王 (Oedipus Rex)，依底帕斯犯下了殺父娶母的惡行，因為心中的罪惡感，最後自毀雙目，選擇流放自己，他的母親也因羞愧，而選擇自殺。這點或許也可以請讀者們做些研究，有沒有哪一個社會文化可以接受近親之間（特別是父女與母子）的性行為的？（但請注意：實際上在某些文化社會中有發生這種行為，不代表這種行為在該文化社會中就是被普遍接受的。近親間的性行為有可能仍會受到道德上的譴責。請讀者思考時，留意這一點。）此外，也可請讀者做些研究，看是否有任何社會與文化可以允許父母任意殘殺自己的後代？

　　⑵實然與應然：針對每一種文化或社會的道德規範，調查其事實上的內容是什麼、彼此有何不同，這主要是人類學家與社會學家的工作。但是哲學家則比較關心，是不是有一些道德規範是所有社會都應該接受的。普遍主義者認為，就算實際上沒有所有社會都接受的道德規範，也不代表沒有所有社會都應該接受的普遍規範。

　　按照相對主義的說法，道德是相對於時空文化以及社會的，所以只要一套道德規範在某一個社會文化中為大多數人所接受的話，它就是有效的道德規範，必須被遵守。但哲學家會質疑的是：是不是符合社會裡大多數人所贊同的道德規範的作為，就是真正符合道德的作為？像在美國南北戰爭之前，南方社會的道德觀與北方社會就很不一樣。黑人在南方不被當作人看待，因為他們被視為地主的財產，如果黑奴逃跑又不幸被地主抓回來，地主可以拿鞭子將逃跑的黑奴毒打一頓作為懲罰。如果按照相對主義的說法，所有道德規範都相對於文化社會，那只要毒打逃跑的黑奴這種作為被南方社會中大多數人所接受，符合南方社會的道德規範，那在南方社會這樣做就是被允許的。

　　但我們大概不會覺得如此，我們會覺得黑人應該跟白人一樣擁有同樣的權利，享受同樣的自由。如果某個社會的道德標準允許種族歧視或畜養與毒打黑奴，我們大概會認為這個社會的道德標準出了問題而應該予以檢討或修正。因為我們似乎會認為有一個所有社會都應該遵守的道德規範，那就是對於人權的保障。這也就是為什麼聯合國把人權視為是普世價值，不管是哪個社會文化都不應該違反。所以在應然的層面上來講，還是有普遍適用於所有社會文化的道德規範。

　　以下節錄聯合國《世界人權宣言》的部分內容，如果讀者是相對主義的支持者，請讀者思考，是否這些關於人權的道德規範是所有文化與社會都應該要遵守的：

第一條：人人生而自由，在尊嚴和權利上一律平等。

第二條：人人有資格享受本宣言所載的一切權利和自由，不分種族、膚色、性別、語言、宗教、政治或其他見解、國籍或社會出身、財產、出生或其他身分等任何區別。

第五條：任何人不得加以酷刑，或施以殘忍的、不人道的或侮辱性的待遇或刑罰。

第七條：法律之前人人平等，並有權享受法律的平等保護，不受任何歧視。人人有權享受平等保護，以免受違反本宣言的任何歧視行為以及煽動這種歧視的任何行為之害。

第十八條：人人有思想、良心和宗教自由的權利；此項權利包括改變他的宗教或信仰的自由，以及單獨或集體、公開或祕密地以教義、實踐、禮拜和戒律表示他的宗教或信仰的自由。

如果讀者同意，以上聯合國人權宣言所揭櫫的道德規範是所有時空文化社會中的人都應該接受的，這似乎就說明了，否認有跨時空文化社會普遍適用的道德規範的相對主義是有問題的。論述至此，讀者可能還是認為以上的道德規範只不過是西方文化社會的產物，不適用於非西方的文化社會。但值得強調的是，即便非西方的文化社會事實上不接受以上的道德規範，難道這些規範不也是非西方的文化社會應該要接受的嗎？舉第二條來說，如果有女性因為她的性別，而在某個對該性別具有強烈歧視的非西方的文化社會中受到迫害，這種作為難道不值得受到道德譴責嗎？❻

⑶道德改革者的難題：普遍主義者認為，按照相對主義的想法，道德相對於時空文化及社會，每個時空文化社會都有專屬於自己的一套道德規範。這套道德規範之所以對其成員有道德上的拘束力，其有效性是來自於該時空文化社會中絕大多數人的認可。

但就道德上的改革者而言，他們往往是對社會上絕大多數人所採取的主流價值觀有所不滿，因此才鼓吹改革。舉參與臺灣早期呼喊爭取自由民主的美麗島運動為例，其實當時是一個重視秩序大於自由的時代，也因此在當時抗議示威的活動，或許是許多人不能認可的。但是時空轉移，我們發現實行自由民主對臺灣才是真正有益的。

另外，澳洲也有道德上的改革者，例如彼得·辛格 (Peter Singer)。他是位有名的哲學家，推廣動物保護不遺餘力。辛格主張吃肉是道德上錯誤的，因此提倡素食主義。辛格認為我們一般人通常都認為人命關天，卻經常不把動物的生命或痛苦當回事，這是犯了「物種歧視」(speciesism) 的錯誤，畢竟動物與人都具有生命，也會感受到痛苦，漠視動物的生命與痛苦顯然是一種歧視。這種歧視基本上類似於白人不把黑人的福祉當一回事的種族歧視，或是男人不把女人的地位看成與他們平等的性別歧視。

然而，如果按照相對主義的想法，一個行為是對是錯，完全是由處於該社會的大多數人所決定的話，那麼上述與社會主流價值相左的道德改革（不管是素食主義，或者是反對政府極權的美麗島抗議活動）都是錯誤的。但誰說真理一定是掌握在社會大多數人手上呢？說不定社會大眾才是無知的，而這些屬於社會少數的道德改革者，或許才是真正具有真知灼見的人。

***

　　最後，將以上三點論述應用到口罩的例子來看，我們可以做出下列相對應的評論：(1)在流行病大流行之際，強制人民戴口罩的規定，雖然或許在某些文化或社會被大多數人認為是違反道德的，但其背後所傳達對於自由的愛好，卻與臺灣社會是共通的，兩種社會仍然享有共通而普遍適用的道德價值。(2)即便強制人民戴口罩的規定，實際上在某些文化或社會不被大多數人所接受，但或許這是他們所應該接受的規定，這樣的規定，有可能才是真正地符合道德的要求。畢竟，不戴口罩容易造成傳染，若因此不幸造成傳染，也會對染疫的人的寶貴生命造成負面影響。(3)然而，如果一個社會文化的人絕大多數人不接受強制戴口罩的規定，不代表這個規定是道德上錯誤的。道德上的是非對錯不是由社會上的大多數人所決定，該社會中少數倡導大家接受規定的人，有可能才掌握了真理。畢竟，如(2)的最後部分所述，似乎有好的理由相信，強制人在流行病大流行之際戴上口罩，或許才是道德上正確的作法。

道德主觀論與客觀論：道德是主觀還是客觀？

　　在社會面臨重大的道德爭議，如墮胎是否可被允許，或安樂死是否應該合法化時，往往是公說公有理，婆說婆有理。這或許會讓有些人覺得道德上的是非對錯往往是很主觀的，全憑個人的厭惡喜好，沒有客觀事實可言，但真的是如此嗎？

　　道德上的是非對錯是主觀還是客觀的，其實爭辯已久，是一個古老的哲學問題。在柏拉圖的《對話錄》(The Dialogue) 裡面，蘇格拉底就對尤西佛 (Euthyphro) 提出疑問：事物之所以有 （道

德）價值，是因為眾神的喜愛讓它有（道德）價值，還是它本身就具有（道德）價值，因此才獲得眾神的喜愛？如果你的答案是前者，那你就是一個主觀論者，認為（道德）價值的來源是人（或擬人化的神）主觀上的好惡。如果你的答案是後者，那你就是一個客觀論者，認為事物本身就具有（道德）價值，人性中的趨利避害會讓我們去喜好與追求那些美好、具有正面價值的事物，而厭惡與迴避那些具有負面價值的事物；人主觀上的好惡，充其量只是反映出事物本身具有的（道德）價值，並不賦予事物（道德）價值。

道德主觀論

道德主觀論者的論調，就如莎士比亞筆下的哈姆雷特所說：「事物本身並無好壞，是人的主觀思維賦予了事物價值。」道德也是如此，行為本身並沒有是非對錯，因為是非對錯完全都是人所賦予的。

就某方面來講，這種看法好像蠻符合我們的直觀。道德觀或價值這種東西似乎是因人而來的，沒有人的存在，就無所謂道德。所以，道德完全是人主觀心靈的產物。

人之所以會認為事物本身具有價值，是犯了一種文學評論者約翰·羅斯金 (John Ruskin) 所謂的「情感謬誤」(pathetic fallacy)。這個術語的意思是：將人主觀的情感情緒投射到本身沒有情感情緒的自然物上。羅斯金說道：「所有強烈的感覺都有同樣的效果，會讓我們對外在事物產生一種虛假的印象，而我便將此種虛假的印象普遍地稱為情感謬誤」。❼

　　情感謬誤在文學上可視為是一種轉化的修飾手法，運用得當的話，可以跨越人與物的藩籬，營造出生動的意境。文學上有很多例子可做說明，舉例來說：唐朝詩人杜甫在〈春望〉這一首詩中，寫下了「感時花濺淚」的詩句，這個句子的意思（或意境）是，他為國家的殘破動盪感到憂心忡忡，而將自己悲慟的情緒投射到了無情的花朵上，感覺花也噴濺出眼淚。另外，流行音樂歌手張惠妹的〈聽海〉中，有一句歌詞寫道：「聽海哭的聲音，這片海未免也太多情，悲泣到天明。」其實大海既不多情，也沒有哭泣，多情與哭泣的是看海與聽海的人，是看海與聽海的人將自己悲傷的情緒，投射到了大海之上，感覺大海也在哭泣。

　　道德主觀論者約翰・麥奇 (John Mackie) 認為：當我們說一個行為具有是非對錯的性質時，其實也犯了情感上的謬誤，因為行為本身並不具有是非對錯的性質，是我們將對行為的喜好厭惡情感投射到了行為之上，將那些我們喜歡的行為稱之為對的，而將那些我們厭惡的行為稱之為錯的。

　　主觀論者的論點，可以用十八世紀哲學家大衛・休模 (David Hume) 一段話來做進一步說明：

　　　　任選一個被公認是邪惡的行為，例如蓄意謀殺。從每個方面上去檢視它，看看你是否能找到那個關鍵要素……亦即，你稱之為惡 (vice) 的東西。無論你用什麼方式去檢視，你只能找到某些情愫、動機、欲念以及想法……一旦你往外尋求，你要找的惡就會遠遠離你而去。你永遠找不到它，直到你將注意力轉入你自己的心中，並發現到一股在你內心中生起的厭惡感，正

　　　　針對著那個（被稱為惡的）行為。**❽**

在以上引文中，休模很明白地提到蓄意謀殺的「邪惡」，作為一種
道德性質，並不是客觀地存在於外在世界，這也是為什麼當我們
往外尋求時，我們會永遠找不到邪惡這樣的性質。對休模來說，
蓄意謀殺所具有的邪惡性質，說穿了其實就是人們主觀心靈中對
於蓄意謀殺這樣行為的厭惡感。

道德客觀論

　　另一方面，道德客觀論者認為：一個行為的是非對錯，並不
是由人主觀的心理狀態來賦予、決定，而是有客觀的道德事實作
為依歸。如果有人相信種族歧視是對的，或是主觀上喜歡歧視有
色人種，這不代表種族歧視事實上就是對的。客觀上來說，種族
歧視就是道德上錯誤的 。 當代著名的客觀論者有強納生・丹席
(Jonathan Dancy)、若斯・薛佛蘭道 (Russ Shafer-Landau) 與大衛・
伊諾克 (David Enoch) 等人。

　　我記得在九〇年代的時候，流行音樂歌手李明依有一首歌很
火紅，歌詞中有一句很經典的洗腦歌詞：「只要我喜歡，有什麼不
可以。」這首歌在當時引起了許多人的擔憂，認為會敗壞社會風
氣、教壞孩子。為什麼當時人們會這樣子認為呢？一個很重要的
原因是：有很多事情並不是只要你主觀上喜歡就可以。甚至有很
多事情是你主觀上雖喜歡，但仍然還是不可以。

　　舉個例子來說，如果小強喜歡虐待動物，這不代表他因此就
可以這麼做。為什麼呢？我們似乎會認為虐待動物這個行為本身

就是錯的，不會因為有人喜歡它就變成對的。所以從這裡看來，一個行為是對是錯，好像是一個客觀事實，不會因為人的主觀喜好而有所改變。就好像數學上「一加一等於二」一樣是一個客觀的事實，不會因為有人喜歡或討厭，就有所改變。

不知道大家有沒有看過《超級星光大道》？這是曾經在臺灣紅極一時的歌唱綜藝節目 ，有點像美國的歌唱選秀節目 *American Idol*。在這個節目中，要選出一個最會唱歌的參賽者，最後會有唱片公司幫他／她出唱片。當時有一名參賽者叫梁文音，她唱得特別好，評審也都很喜歡她的歌聲。

然而在這裡，我們不妨思考一下：她之所以唱的好聽，是因為獲得評審的青睞，所以她才算唱的好聽？還是因為她的歌聲本身具有某些特質而使她的歌聲好聽，所以才能夠獲得評審的青睞？

比如就梁文音的歌聲來說，很多評審會說她的聲音很甜美，也具有一種感染力，然後真假音的轉換技巧也很棒，唱歌時也具有一種故事性。聽她唱歌時，就好像在聽她講一篇故事。這些特質似乎都是她的演唱本身就具有的特質，並不是因為評審主觀的喜歡才有的。

客觀論者認為行為的是非對錯也是如此，一個行為本身具有一些特質，而這些特質決定了這個行為的是非對錯，就好像唱歌時，歌聲中的種種特質決定了這個人唱歌好不好聽。舉例來說，若是一個行為具有蓄意謀殺或者是虐待動物的特質時，這個行為客觀來講，就是道德上錯誤的，跟人主觀上的好惡沒有任何關係。

（但如何認識客觀的道德真理？）

　　行文至此，好奇的你可能會詢問：行為的是非對錯如果是客觀的，不能等同於我們主觀的喜好與厭惡的情感，那我們要怎麼知道一個行為是對是錯呢？畢竟，我們可以透過內省(introspection) 來察覺自己心中的好惡，但如果是非對錯這些道德性質不等同於我們主觀心中的好惡，就無法透過內省的方式來察覺。此外，道德性質似乎也不具大小、顏色、形狀，也沒有聲音、觸感、味道，我們似乎無法透過感官經驗感受到。那究竟我們要怎麼知道一個行為的是非對錯呢？

　　面對此問題時，不同的客觀論者提供了不同的解答，以下提供兩種常見的說法，供讀者們參考：

　　⑴透過道德官能的運作：十八世紀著名的蘇格蘭哲學家法蘭西斯・哈金森 (Francis Hutcheson) 認為我們擁有與生俱來的道德官能 (moral faculty)❾，只要此道德官能運作正常，就可以用來偵測事物本身所具有的客觀道德性質。此道德官能的運作與我們的感官官能運作相似，兩者都是用來偵測事物本身所具有的客觀性質。只不過我們的五官所偵測的對象是事物的自然性質，如大小、顏色、形狀等等，而道德官能所偵測的對象則是事物所具有的是非對錯的道德性質。但有人認為這種說法太過牽強，因為我們的五官之所以能夠偵測到外在世界的自然性質，是因為這些性質可以在因果上觸動我們的感官。例如：鋼琴的聲音可以觸動我們的聽覺系統，太陽的光線可以觸動我們的視覺系統，我們因此可以感知到這些自然性質。但道德性質是否在因果上可以觸動道德官

能？如果可以的話，是如何觸動的呢？簡言之，道德性質是否可以具有因果上的效力 (causal efficacy)❿，以及道德官能的運作機制為何，都有待進一步釐清。

⑵ 透過理性的運作：著名的英國哲學家亨利・西季威克 (Henry Sidgwick)、摩爾 (G. E. Moore) 與洛斯 (W.D. Ross) 都認為，我們之所以能夠認識到行為的是非對錯，不是憑藉著感官，而是依靠著理性。人類對於外在世界的認識，的確來自於感官經驗，然而關於數理邏輯的知識，則依靠著理性。一個人如果不幸地失去了他所有五官的功能，只要他大腦中的理性功能運作正常，依然能掌握數理邏輯概念，他似乎仍然可以知道「一加一等於二」或者「a 等於 a」，而能擁有數理邏輯的知識。同樣地，某些客觀主義者認為只要我們在理性上能夠掌握「蓄意謀殺」、「虐待動物」以及「是非對錯」這些概念的意涵，我們就能透過理性的運作，知道這些行為所具有的道德性質。

在此值得一提的是：客觀主義者訴諸理性來說明對於行為的是非對錯的認識，這種論述在當代受到心理學家強納生・海特 (Jonathan Haidt) 所做的實驗挑戰。⓫根據海特的實驗，人們在判斷行為是非對錯時，往往受到情緒的影響，而理性經常是在道德判斷完成後才介入。在此觀點下，理性的主要功能是在找尋理由合理化我們的道德判斷，而並不是像客觀主義者所論述的，有助於我們認識行為本身所具有的客觀道德性質。舉例來說：在一個隨機實驗中，實驗組的受試者聞到如放屁一樣令人難受的氣味，產生負面情緒後，面對同一件犯行（例如偷竊），會比對照組的受試者做出更為嚴苛的道德判斷，裁決讓犯錯的人受到更嚴厲的懲罰（也就是更長的刑期）。這似乎顯示情緒才是影響我們道德判斷

的關鍵，否則很難解釋為什麼面對同樣的犯行，實驗組的受試者普遍會做出更嚴苛的道德判斷。

此外，這點也值得一提：對於理性的功能為何，哲學家眾說紛紜，部分客觀論者所採取的看法只是一家之言，並非不可挑戰。舉例來說：休模認為理性只不過是欲望的奴隸 (reason is...only... the slave of the passions)。根據此主張，人類的行為是由欲望所支配推動，理性的功能與角色是找出最好、最有效的方式協助我們實現我們的欲望。舉簡單的例子來說，我週末想要到淡水老街一遊，有很多方式可以幫助我實現此欲望，如搭捷運、搭公車或者坐計程車等等。我所具有的理性的功能是幫助我在這眾多的方式中，找出最好最有效的方式（例如：不考慮經濟成本的話，或許搭計程車是最好最有效的方式，而考慮到經濟成本的話，搭捷運或公車可能是更好的方式）。也因此，休模通常被認為採取了一種工具理性 (instrumental reason) 觀。在這種工具理性觀中，理性被當作是協助行為主體實現欲望的工具；這與部分道德客觀論者將理性視為是認識客觀道德真理之途徑的看法大相逕庭；這也使得部分道德客觀論者所採取的理性觀，有了進一步爭辯的可能。

***

回到本文於「道德主觀論與客觀論」一節開頭提到的重大道德爭議（如墮胎是否可被允許）來看，的確在此議題的爭論上，支持與反對者是公說公有理，婆說婆有理。但這不見得代表墮胎的是非對錯完全是憑個人主觀喜好所決定的，畢竟之所以會有此爭論，難道不正是因為正反方雙方都相信自己客觀上是正確的，

也因此才會各提理由，希望說服對方嗎？如果正反雙方都不相信針對墮胎這個議題有客觀的答案，而完全是由個人主觀喜好所決定的，那為什麼不完全依照懷孕婦女的主觀意願決定就好？為何要爭得面紅耳赤，甚至大動干戈❷？

　　一個合理的解釋似乎是：反方認為就客觀上來講，墮胎傷害了胎兒的生命，是道德上錯誤的行為，因此不應當被允許，並不是只要懷孕婦女有意願這麼做就可以這麼做；而正方則認為客觀上來講，懷孕婦女的意願也很重要，墮胎不見得總是錯誤的。正反雙方都認為對方對於此議題所認知的客觀答案有誤，會對胎兒或懷孕婦女的權益產生巨大影響，因此才產生了激烈的爭辯。然而值得注意的是，儘管正反雙方對於客觀答案的認知有所不同，但他們似乎都同意，針對墮胎是否可被允許的這個議題，有一個客觀上正確的答案。

＊＊＊

　　總結來說，道德是主觀還是客觀，是相對還是普遍，要回答這些問題都沒想像中的容易。主觀論者似乎有其洞見，畢竟如果道德規範背離了人主觀的喜好與認同，似乎難以讓人心悅誠服，更難以實踐；但另一方面來講，客觀論者似乎也有其立論基礎，畢竟如果道德規範不是奠基在客觀的道德真理之上，憑什麼要人遵守呢？相對主義者根據人類學家田野調查所得來的證據，宣稱道德相對於時空文化社會，也非空穴來風，似乎也有其合理性，否則似乎很難解釋為何在一個社會中視為是常態的行為，在另外一個社會中卻不被允許。最後，普遍主義者認為有普遍適用於所

有時空文化社會的道德律則，這似乎透露出了理想的道德規範不同於因地制宜而衍生出的生存法則，否則美國南方為了維持棉花產業，在廢奴之前實行貶抑黑人尊嚴的奴隸制度，豈不是在道德上可被允許的？針對普遍主義與相對主義、客觀論與主觀論之間的爭辯要如何解決，目前沒有定論，但相信讀者有自己的見解，不如讓我們來腦力激盪一下，挑戰接下來的問題與反思。❸

問題與反思 1

就主觀論而言，道德上的是非對錯完全取決於個人主觀上的好惡，但這似乎會造成「只要我喜歡，有什麼不可以」的災難性後果。殺人、強姦、縱火在此觀點下，只要殺人犯、強姦犯與縱火犯喜歡，似乎都是可以被允許的。如果你是主觀論者，面對這個問題要怎麼幫主觀論辯護呢？

問題與反思 2

如果你是客觀論者，如何說明我們是如何認識行為的是非對錯這些道德性質？畢竟這些性質看不到也摸不著，似乎不是透過感官經驗認識到的，而如果根本無法認識到，又憑什麼說有這些道德性質客觀地存在在這個世界上呢？

問題與反思 3

如果你是相對主義者，如何回應聯合國在《世界人權宣言》所揭櫫的普世道德價值？是否所有國家文化與社會都應該尊重女性並且不可虐待孩童？如果答案是肯定的話，這難道不就說明了有普遍適用所有文化社會的道德規範存在？

問題與反思 4

如果你是普遍主義者，如何回應不同文化社會的道德觀不可共量的問題？若同一個行為（如天葬），在某個文化社會是道德上正確的，但在另一個文化社會卻不是道德上正確的，這難道不是顯示何謂「道德上正確」是相對於文化社會嗎？

附註

❶ 這個例子由筆者指導的碩士生連祉鈞提供。

❷ Benedict (1934).

❸ 殺嬰與愛斯基摩人讓年老的父母餓死的例子，可參考 Pojman (1995)。

❹ Kuhn (1996). 為了方便讀者理解，其例子有經過筆者的改寫。

❺ Pojman (1995).

❻ 好奇的讀者可能會問：如果該文化中的女性也認同對女性的性別歧視，甚至不認為剝奪女性受教權是受到歧視，而認為是天經地義，在此情況下，我們仍然可以譴責剝奪女性受教權的作為嗎？筆者認為，我們必須要深究為何該文化中的女性也會認同女性不應該受教育的想法，是不是受到了男性沙文主義洗腦，或是不是思想受到了某種控制與脅迫，如果不認同這種想法的話，會付出慘痛的代價。如果是在受脅迫與洗腦的狀況下所產生的「認同」似乎不能算是真正的認同。

❼ Ruskin (1856).

❽ Hume (2007), pp. 301–302.

❾ 官能 (faculty) 一般指的是知覺感官上的官能 (sensory faculty)，如眼、耳、鼻、舌等等，其功能在於偵測物體的性質（如大小、顏色、形狀）。此處講的道德官能 (moral faculty)，根據許多哲學家的刻劃，其主要功能是偵測行為的道德性質（如是非對錯）。但道德官能是由人

類身體哪一個或哪幾個器官所構成的呢?這個問題值得進一步探究。

⑩ 大致上來說,一個性質若具有因果上的效力,這是指:該性質在恰當的條件下,可以產生另外一個性質。換句話說,該性質可以做為另外一個性質產生的原因。舉例來說,水這個性質就可以讓吐司產生霉的性質,在因果上是有效力的,水是讓吐司發霉的原因。

⑪ Schnall, Simone et al. (2008).

⑫ 曾經有反墮胎人士謀殺了協助墮胎的醫生。

⑬ 感謝古秀鈴、陳弘煦、洪松與連祉鈞對本文初稿提出許多有用的修改意見。

參考書目

引用資料

Benedict, Ruth. (1934). Anthropology and the Abnormal. *The Journal of General Psychology*, 10(1), 59–82.

Hume, David. (2007). *A Treatise of Human Nature*. David Norton and Mary Norton (Eds.), Oxford: Oxford University Press

Kuhn, Thomas. (1996). *The Structure of Scientific Revolutions*. Chicago: The University of Chicago Press.

Pojman, Louis. (1995). *Ethics: Discovering Right and Wrong*. California: Wadsworth.

Ruskin, John. (1856). Of the Pathetic Fallacy. *Modern Painters*, 3, 4.

Schnall, Simone, Jonathan Haidt, Gerald L. Clore, & Alexander H. Jordan. (2008). Disgust as Embodied Moral Judgment. *Personality and Social Psychology Bulletin*, 34(8), 1096–1109.

延伸閱讀

Enoch, David. (2011). *Taking Morality Seriously: A Defense of Robust Realism.* Oxford: Oxford University Press.

Shafer–Landau, Russ. (2003). *Moral Realism: A Defence.* Oxford: Oxford University Press.

Tsu, Peter Shiu–Hwa. (2018). Particularism in Ethics. *Oxford Bibliographies Online.* Duncan Pritchard (Ed.), Oxford: Oxford University Press. https://www.oxfordbibliographies.com/view/document/obo-978019539 6577/obo-9780195396577-0367.xml

Wong, David. (2006). *Natural Moralities: A Defense of Pluralistic Relativism.* Oxford: Oxford University Press.

Practice II

創作

「遊戲」本身有什麼樣的哲學意涵？遊戲的本質是什麼？哲學本身也是一種遊戲嗎？遊戲跟你我回不去的童年有什麼關係？

關於文藝作品、電影、音樂等等的詮釋，是否是作者說了算？如果無法向作者查證時，又要聽誰的呢？如果不需要聽作者的，那是不是怎麼說都可以？

遊戲的哲學思考

黃涵榆

英文裡有一句流傳已久的諺語「All work and no play makes Jack a dull boy」，顯示遊戲或玩樂對於調劑生活和陶冶人格的重要性。然而問題是，我們真的理解並且重視遊戲嗎？現實生活中極少有人能夠以遊戲當作正職或只玩遊戲而不工作，大多數的人都把遊戲當成一種暫時逃離煩躁的生活常規的管道、想像的世界、現實的「例外狀態」，遊戲結束後終究還是要回歸現實，以工作、課業或其他具有嚴肅意義與價值的活動為重。主流文化經常給予「貪玩」負面的，甚至是譴責的道德評價。遊戲雖然經常被應用在教學活動之中，但也大多僅止於工具性、輔助性的使用，而不是為了遊戲本身的目的或者「為遊戲而遊戲」。我們可以回到一個根本的層次來提問：我們真的了解遊戲的「本質」嗎？我們是否需要重新思考工作與遊戲、常規與例外、嚴肅與非嚴肅、真實與虛構之間的界線？遊戲是否能夠引導我們更深刻理解與感受生命？

本文將透過一些哲學著作深入探討這些問題，描繪關於遊戲的知識圖像，演繹出生命的哲學思考與想像。首先我將借用法國學者卡約瓦 (Roger Caillois) 的《人類、玩耍與遊戲》(*Man, Play and Games*) 和蘇威茲 (Bernard Suits) 的《蚱蜢：遊戲、生命與烏托邦》(*The Grasshopper: Games, Life and Utopia*) 描繪「遊戲研究」這個學科的各個面向，討論遊戲的類型與基本要件，以及遊

戲的文化、社會與心理的作用。我會接著以芝諾 (Zeno of Elea) 的「阿基里斯追烏龜」為例，討論「悖論」(paradoxes) 如何是內建於哲學體系的（思考）遊戲。除了芝諾的悖論之外，我也將更廣泛地討論「哲學中的遊戲」或者「哲學（與）遊戲」，包括巴斯卡的「賭注」、維根斯坦的「語言遊戲」、佛洛伊德的「神奇寫字板」(the mystic writing-pad) 和「去來遊戲」(the fort-da game) 等。

　　哲學家們有各自的理路和側重點，但是我想要論證遊戲並非只是哲學思考的輔助工具，遊戲意謂著對於規則、語言、信仰、記憶以及許許多多二元區分的反思與翻轉，這些都是哲學不可分割的一部分。我們甚至可以因此宣稱具有積極意義的哲學本身即是（或理當是）遊戲。最後我想透過班雅明 (Walter Benjamin) 的《柏林童年》(*The Berlin Chronicle*) 和英國浪漫主義詩人華茲渥斯 (William Wordsworth) 的詩作討論遊戲與童年的關係。遊戲與童年或遊戲（的）童年──「童年」不再只是一段回不去的生理年齡，「遊戲」不再只是遵守特定規則和完成特定目的的過程，兩者都蘊含著純真的靈魂與記憶的召喚，也有更多的感受、想像與生命潛能。

＊＊＊

遊戲研究與遊戲的共通特質

　　儘管遊戲幾乎是生命經驗不可分割的一部分，如此真實而自然、不言可喻，我們依然可以從比較學術而且系統化的角度，也就是透過「遊戲研究」，來理解各式各樣遊戲的共通特質。遊戲研

究成為一門新興專業學術研究領域並不是太久以前的事，大約可以回推到二十世紀結束前幾年，它經常被視為涵蓋範圍更廣的「文化研究」的一支。遊戲研究的成型和引起廣泛注意，和 1998 年《精靈寶可夢》電視卡通播出，以及接下來上市的遊戲有著密切的相關性。整個電玩商業更是隨著網際網路、智慧型手機和平板電腦的急速普及化蓬勃發展，各式各樣的線上遊戲、手遊、虛擬實境和擴增實境，更多樣的技術平台和遊戲類型，不論是第一人稱視角的射擊遊戲、模擬遊戲、策略和角色扮演遊戲或者最近爆紅結合冒險和賭博的手遊 Coin Master，推陳出新的速度和銷售量都令人難以想像。若說各式各樣的數位遊戲已經形成某種自成一體的遊戲世界或另類現實，似乎也不為過，畢竟連電玩競賽本身也成為一個具有龐大商機的新興產業和文化。在這樣的時代脈絡裡，遊戲研究大多探討數位遊戲的程式設計和軟硬體技術、遊戲反映的社會和文化脈絡（包括身體、性別與階級）、遊戲文本的情節和敘述觀點、遊戲所建構的真實等面向。

必須說明的是，本文並沒有打算討論數位遊戲，我所提到的「遊戲研究」也只是一個定義較為寬鬆的用語，涵蓋更多元的哲學觀點和議題。絕大部分的遊戲（即使是自己一個人玩）都是比賽，都具有競爭的特性，差別在於遊戲規則、競爭的項目和獲勝──難道有人玩遊戲一心求敗嗎？──所需的條件與能力不同，比速度、力氣、專注力和運氣不一而足。卡約瓦的《人類、玩耍與遊戲》（法文原文版和英文版分別於 1958 年和 1961 年出版）堪稱早期或前數位時代遊戲研究的經典。卡約瓦按照特性把遊戲分成四大類別：爭鬥 (agôn)、機運 (alea)、模仿 (mimicry) 和暈眩 (ilinx)。

　　「爭鬥」(agôn) 類遊戲，例如棋類遊戲、撞球和絕大部分的運動項目，比的可以是速度、力氣、專注力、準確性、耐力等能力或特質。這類的遊戲可以是一對一或團體競賽，需要訓練技巧和毅力才能有勝出的機會。這類的遊戲通常也都有嚴格的規則限定。

　　如果說爭鬥類遊戲的輸贏完全取決於參賽者自己的能力和技巧，第二類的遊戲則完全相反，完全靠「機運」(alea)。「alea」在拉丁文字源指的是擲骰子遊戲，機運型遊戲還包括賓果、樂透或大部分的賭博項目。這類的遊戲勝負不是玩家自己能夠決定，用比較哲學的語言來說，否定了主體的意志、耐心、經驗或其他爭鬥類遊戲的致勝因素。幸運之神給贏家絕對的恩惠，輸家得到的是全盤的恥辱。這看起來似乎不可理喻，但事實上參加者得到的機會、風險和利益的或然率都是均等的。卡約瓦指出爭鬥類和機運類遊戲的共同點，兩者都創造出遊戲以外的現實世界中所沒有的平等：前者靠個人技巧和努力，後者靠沒有誰一定占上風的機運。有意思的是，如果我們考慮到贏得爭鬥類遊戲的能力除了天賦之外，更需要長期的訓練和培養，而那是需要相當程度的經濟能力和文化資本。但是機運不受限於社會、政經和文化地位，反而是比較公平的。當然，這種公平和一個社會或政府施政應該追求的公平正義沒有多大關係。

　　卡約瓦提到的第三類遊戲是「模仿」(mimicry)，例如扮家家酒、說／聽故事、演戲，或者類似「演化論」、「說書人」等需要敘述情節的桌遊。模仿是許多物種的天然本性，在小孩子的遊戲世界更為明顯，彷彿在為進入成人世界做演練。當然，若要說模仿在成人世界依舊有相當的重要性，那戲劇顯然就是最好的例子。

我們甚至可以說,「社會理想」——我想成為「像」什麼樣的人、過什麼樣的理想生活——也是一種廣義的模仿機制,至於我們是不是真的能夠、應不應該追求那樣的理想,或者是不是真的存在那樣的理想,就是另一個問題了。這類模仿遊戲的參加者扮演真實自我以外的角色,暫時進入虛構或想像的世界,因而模糊了現實與虛構的界線,也正是這樣的虛實轉換產生遊戲的樂趣。值得一提的是,體育競賽引人入勝之處在於戲劇的場景,觀眾把運動選手當成認同的對象,想像選手代替他們實現自己達不到的理想,那也是一種模仿的心理作用。

　　卡約瓦討論的第四類遊戲是「暈眩」(ilinx),旋轉、擺盪、滑行、跳躍、加速等活動都屬於這一類。暈眩類的遊戲(例如雲霄飛車或高空彈跳)的「樂趣」在於暫時性的興奮、驚嚇、抽搐、痙攣等。這類遊戲似乎顯示人類有某種追求暈眩的本能,從失序或失去控制的狀態中獲得快感,或許可以算是一種毀滅性的本能衝動。

> 問題與思考
> 你覺得遊戲還可能有哪些其他的元素?

　　遊戲的分類一直都是遊戲研究的難題,以上討論的卡約瓦書中的四種遊戲類型之間並沒有絕對的區隔,不同的遊戲可以結合不同類型,有些元素也沒有獨立成為類別。舉例來說,卡約瓦在書中還有提到「嬉玩」(*paidia*,意指從即興演出、混亂或打破東西中得到樂趣)和「競玩」(*ludus*)❶,意思是解決難題的樂趣。演員的訓練就結合了模仿和競玩,而一般的運動項目通常以爭鬥

和競玩為主要元素，少許的嬉玩。

我們還可以簡略地透過另外一部遊戲研究的經典《蚱蜢：遊戲、生命與烏托邦》瞭解遊戲的其他共同元素。作者蘇威茲借用《伊索寓言》裡的角色——草蜢——當作本書的主角，他信奉一種遊戲人間的人生哲學，如同一位烏托邦理想主義者。本書作者用一種輕鬆詼諧的敘述，呈現作為先知的草蜢和他的門徒之間的哲學對話，從不同觀點呈現遊戲的哲學思辨。我們大約可以從當中歸結出遊戲的四個元素。第一個元素是「目標」。很特別的是，這個目標在遊戲中產生，是遊戲過程中的一環，而不是預先設定或者從遊戲以外的觀點設定。好比說老師在上課讓學生玩桌遊，把遊戲結果當作成績評量。然而學生玩遊戲之所以想贏，是為了拿（遊戲以外的）好成績，這等於是預設了功利的目標，因此不能算是這裡說的遊戲的目標。第二，遊戲一定要有「方法」。我們也許會以為能贏、而且贏很快很多的方法就是好方法，這樣的想法可能忽略了有些遊戲的樂趣在於過程中的迂迴曲折、好奇或懸疑。第三個元素是「規則」，以及規則範圍內允許的技巧。第四個元素是「遊戲態度」(lusory attitude)，也就是在遵守規則的前提下，使用方法完成目標。若只求勝利不遵守規則，或使用奧步，就不具備應有的遊戲態度。

藉由討論卡約瓦的《人類、玩耍與遊戲》和蘇威茲的《蚱蜢：遊戲、生命與烏托邦》中遊戲共同的元素之後，我想提出一個有關遊戲的哲學性定義：「玩遊戲是一種自願克服不必要障礙的嘗試」。這樣的命題既是本體性的（遊戲是什麼），也是倫理性的（遊戲的價值）。如以上所說的，迂迴曲折、重重障礙、充滿不確定性的遊戲過程才是趣味的來源，太直接、太簡單的玩法反而剝奪了

遊戲的趣味，就像看一齣連續劇的第一集就可以預測結局那樣單調乏味。這個命題也顯示有深刻趣味的遊戲應該是低效率的，且無須考慮結果，本身自有其價值，是「good-in-itself」。我不確定這個意義下的遊戲是否像極了愛情，真正的愛情，畢竟我們常聽說太容易得到的愛情反而沒有吸引力。但是我確定的是，這個定義下的遊戲，如同《蚱蜢：遊戲、生命與烏托邦》所提示的，就是一種理想的、烏托邦式的生活，活著即是遊戲，活著自身就是目的，不應該都以效益和效率衡量生命。我們是不是可以從這個角度去思考遊戲對於生命態度的啟發呢？

> 問題與思考
> 你同不同意這樣的定義，為什麼？

哲學中的遊戲

　　不知道你是否曾想像過，哲學家們經歷什麼樣的童年，他們小時候玩不玩遊戲、都玩些什麼遊戲，或者長大以後「還玩」哪些遊戲？你是否也很好奇，哲學家們玩遊戲的時候都在想些什麼？如果你覺得這些是無厘頭的問題（即使是又怎樣？），也許你假定哲學與遊戲間存在著一道嚴肅與非嚴肅的區分。但這些問題並非無厘頭的問題，而是能夠導向這裡要討論的「哲學中的遊戲」，我們在這裡要思考的是哲學和遊戲相互依存與建構的關係。

　　我們先討論兩個有趣的思考情境，或者說是玩兩個可以稱之為「悖論」的思考遊戲。第一個是古希臘哲學家芝諾所提出的「阿

基里斯和他的烏龜」。阿基里斯要追烏龜，而他是世界上跑得最快的英雄，所以不可能追不到烏龜。這個思考遊戲有一個條件：阿基里斯必須讓烏龜先走，等烏龜走到一半後，阿基里斯才可以開始跑。問題是他也不能超過烏龜，否則就沒辦法「追到」烏龜。阿基里斯是世界上跑最快的人，結果是他永遠追不到烏龜，因為每當阿基里斯快追到烏龜的時候，烏龜也已經緩慢往前移動一小段距離，結果就是無窮盡的二分和趨近。

> 問題與思考
> 快去找你的數學老師討論這個題目吧！

　　再來一個悖論題：老師要在一星期的某一天考試，前提是哪一天考並不會跟學生宣布，所以學生到了考前一天都還不會知道隔天要考試。這個思想遊戲的結論是「老師根本不可能考試」這樣的悖論性結果。學生們會想要猜哪一天考試。首先，絕對不可能是星期五，因為這樣到星期四都沒考，學生就會猜到明天星期五會考，就不符合這個思考遊戲的條件。如果事先就已經可以確定不可能在星期五考，那也不可能在星期四考，因為如果星期三還沒考，學生就會猜是星期四考，這樣學生就猜中老師哪一天考……以此類推，老師根本就不可能不讓學生知道哪一天考試了。

> 問題與思考
> 你還知道哪些「悖論」的思考遊戲嗎？

　　源自古希臘時代的「悖論」其實就是思考遊戲，經常當作輔

助哲學論證的方法。遊戲本身都設定一些前提或條件，最後導向某種矛盾或無解的狀態。上述的第一題可稱之為「無限性的悖論」，第二題則是「預測的悖論」（或預測的不可能）。諸如此類的思考遊戲也許還可以有進階版或者修正的空間。也許有人可以利用微積分和無限序列的概念算出阿基里斯幾秒之內可以追上烏龜，也會有人主張速度不必然要和時間和空間一起計算。又或是像懷疑論者可能會指出在經驗範疇裡，阿基里斯追上烏龜根本不是問題，形而上的概念一點用處都沒有等諸如此類的反駁。但這不妨礙「悖論」可以被當作思考時間、空間、語言現實的遊戲，激發我們去檢視前提、假設、推論和解答。題目是什麼也許沒那麼重要，重要的是討論和思辨的過程。因此，我們可以說，愛玩思考遊戲，就是愛智慧。

　　遊戲對於哲學並非只是一種外在的輔助工具。我們可以大膽地提出另一個命題：遊戲就在哲學之中，它是思考向度的檢視和跨越，開展思考更多的可能。巴斯卡 (Blaise Pascal, 1623–1662) 的《沉思錄》寫於一個科學和理性主義擡頭的歷史時代，科學家和哲學家們透過理性探索整個宇宙運作的法則和萬物的本質。但是身為有神論哲學家的巴斯卡卻認為，上帝不是一個理性思維的問題，祂的存在無法被實體化，因而是信仰的問題，並超出理性和有限經驗的向度。我們不可能透過笛卡兒式的懷疑，為上帝的存在建立最確實的知識，愈是這樣只會愈落入理性的死結。巴斯卡以「賭注」作為解開這個死結的方法。下賭注是一種超出理性估算的冒險。他提出一個令人驚奇的說法：人們「一定會」賭上帝存在。

　　仔細來看，巴斯卡的賭注說隱含著一種悖論。一方面賭注的

本質超出理性估算，信仰的本質也是。另一方面，巴斯卡也企圖合理化賭上帝存在這件事，他的推論是：人們在衡量各種條件之後一定會賭上帝存在，因為如果上帝真的存在，此生之外還贏得來生，萬一上帝不存在，人們沮喪之餘也沒有真的輸掉什麼。他這麼說道：「沒什麼好猶豫的——你必須賭上一切。當你不得不玩時候，你就必須放棄理性，別只想著此生，而不願意為了無盡的收穫卻毫無損失而冒險。」（巴斯卡《沉思錄》第 418 小節）可想而知，巴斯卡這個充滿爭議的賭注說遭受各種批評和質疑，既然信仰的問題超出理性的範疇，但巴斯卡卻又開了後門，以理性衡量得失來證成賭注的合理性，而傳統宗教人士的反彈更是可想而知。

問題與思考

你會怎樣思考賭博，賭博對你而言還具有什麼哲學意義？

拋開巴斯卡賭注說的爭議，除了上帝的存在之外，我們還能夠透過賭博進行什麼樣的哲學思考呢？（請允許我在這裡刻意保持曖昧的語意）班雅明是二十世紀最重要的哲學家之一，在現代歐洲哲學史占有極其獨特、難以歸類的位置，著作跨越歷史、社會、政治、科技、文學、藝術、神學等範疇，他的非典型思考和寫作方式時而理性分析，卻又不乏憂鬱的詩意。班雅明同時也是十九世紀末法國象徵主義詩人波特萊爾 (Charles Baudelaire) 最重要的詮釋者，他就在〈論波特萊爾的一些主題〉一文中闡述了賭博反映的現代經驗。事實上賭徒和工廠工人在波特萊爾詩中都是現代性 (modernity) 的代表人物，兩者的經驗有許多共同之處。賭博和

工廠勞動都是反覆進行的空洞、徒勞無功的過程，無法將每一次的個別經驗累積成有意義的、完整的整體，充分反映的破碎的現代經驗。生產線上的勞工無時不刻不在重複同樣的動作，比如焊接螺絲，他們不需要也不可能掌握整個產生過程，他們的勞動也沒辦法讓他們累積財富和擺脫被剝削的命運。至於賭博則有一個簡單的道理：比如說，勝率百分之一的賭博不表示賭第二次勝率就會加倍變成五十分之一，也不是賭一百次就一定會贏彩金（醒醒吧！），每一次都一樣是百分之一，等於每一次的機率都是歸零從頭開始。賭徒也像工廠裝配線上的工人，所做的只是反射動作，似乎是被某種力量催促著一把接一把地賭下去。

　　且讓我們將目光移向語言哲學，看看奧地利哲學家維根斯坦 (Ludwig Wittgenstein, 1889–1951) 提出的 「語言遊戲」 (language games) 的概念。從各個角度來看，符號與和符號所指之物的連結也沒有什麼必然性，語言不是一套客觀的或表現為超越真理的系統，而是隨著語言使用的情境不同而改變規則、發揮功能和產生意義。我們使用語言的重點不盡然是在字面所表達的意義，我們使用語言來完成「宣告」、「承諾」、「肯定」、「拒絕」 等行動和任務。法官或牧師在結婚典禮上宣告「新郎與新娘成為夫妻……」，但如果這個宣告離開婚禮情境後，則可能只會被當成瘋言瘋語，畢竟凡是承諾的事都有可能不會發生 (例如毀約)，不會變的真理不可能成為承諾的事，就像我們不會跟別人「保證明天的太陽會從東邊升起」，諸如此類都是語言遊戲的範例。如果有人第一次看到別人玩某種自己不會玩的遊戲，例如西洋棋，他們透過實際觀察會了解到，每一個動作都依循著特定規則或策略考量進行，而不是亂無章法。

　　不同的學科知識和日常生活領域都有自己的語言遊戲，也就是有各自的語言規則、說話和產生意義的方式，以及判別話語真偽的準則。必須強調的是，語言遊戲都是在實際的情境、行為和目的中進行，也因此是可協商和爭論的。文學肯定是觀察語言遊戲最具體的一個範疇。文學（特別是詩歌）裡隨處可見語言遊戲，包括明喻 (simile)、暗喻 (metaphor)、轉喻 (metonymy)、反諷 (irony)、誇飾 (hyperbole)、象徵 (symbol) 等各種譬喻。愛爾蘭詩人葉慈 (W. B. Yeats) 在他的〈二度降臨〉("The Second Coming") 以「巨石」作為人類沉淪的暗喻。詩人夏宇〈甜蜜的復仇〉以「醃漬」譬喻愛情。詩作為一種語言遊戲，讓語言超出「邏各斯」(logos) 的神聖領域，語言不再只是表現清楚的語意、理性和真理，而能夠釋放語言自身的潛能，開展出觀看和感受事物更多重的方式。想想看，這個世界如果失去詩歌的語言遊戲會變得多麼乏味！

　　佛洛伊德精神分析除了是一套各種身心症狀的臨床診療技術之外，也是有關語言、欲望、本能衝動、記憶、心靈機制的哲學思想，其中有些和遊戲密切相關。事實上佛洛伊德頗熱衷於觀察孩童的生命經驗，包括他們玩的遊戲，從中推演精神分析理論。舉例來說，佛洛伊德提到一種嬰兒和小孩常玩的「神奇寫字板」(the mystic writing pad)——作者不禁好奇，若弗洛伊德生在 iPad 已經成為日常風景，或者今日許多父母安撫小孩的最佳工具的年代，不知他是否會修正他的理論？這款現在看來很有古早味的神奇寫字板表層是塑膠材質的平面，內裡是蠟做的，在塑膠表面寫字或畫畫，拉開有個類似板擦功能的把手之後，先前留下的文字或圖畫就會消失，但書寫的痕跡會繼續留在內層的蠟，只是變得

混雜不清。佛洛伊德用這個寫字板類比心靈機制：表層的塑膠板如同自我的表層，負責接受外來的刺激，這裡的文字或圖畫如同短期的記憶會被刪除或遺忘，但它們的痕跡會留在代表潛意識的的蠟。

　　佛洛伊德分析過的最為人熟知，甚至在精神分析裡占最重要地位的遊戲，當屬「去來遊戲」(the fort-da game)，這是他從自己的小孫子的日常活動發現的遊戲，從當中導引出精神分析的本能理論的理論，寫進他晚期的代表作之一《超越享樂原則》(*Beyond the Pleasure Principle*)。小男孩很乖，即使母親離開一下也不會哭鬧。小男孩逐漸發展出一種反覆進行的習慣，把玩具丟到角落或床底下，並發出「fort」（gone、「去了」）的聲音，然後爬過去把玩具撿回來，還發出像是滿足的叫聲「da」(there，「來了」)。小孩子的遊戲世界總是充滿想像和創意，大概為了方便操作，小男孩找來一個類似線軸的東西，把線綁在玩具上，這樣丟去撿來之間就比較省力，似乎也增加了操控遊戲的趣味。

> 問題與思考
>
> 你小時候玩過類似的遊戲嗎？你怎麼詮釋那些遊戲的心理意義？

　　像這樣如此平凡的嬰孩遊戲，佛洛伊德卻從當中看到普遍的心靈運作法則。首先必須注意到遊戲的背景是母親（或嬰孩的主要照料者）暫時離開，反覆進行的丟去撿來的動作等於是重複練習母親的消失和迎接她的歸來，畢竟分離是嬰孩，甚至是所有人生命中的一大課題 。 佛洛伊德終其一生都堅持從 「享樂原則」(the pleasure principle) 理解心靈運作機制，也就是說，心靈機制

需要卸除刺激或釋放心靈能量，以維持能量守恆並得到愉悅的感覺。從這個角度來看，去來遊戲等於是小孩心理的補償作用，一來一往維持心理平衡。母親的離開也意謂著小孩子必須放棄（永遠）占有母親這樣的欲望，但是佛洛伊德已意識到瞭解到放棄欲望在遊戲中扮演的角色，還是無法解釋為什麼需要進行重複的動作，畢竟母親的消失和放棄欲望都不是愉悅的經驗。

　　顯然佛洛伊德在詮釋去來遊戲的心理意涵時碰到了瓶頸。前面提到他自始至終都不願放棄用「享樂原則」解釋心靈運作，在面對這個瓶頸的時候，他只是在這個原則的基礎上附加一些推測。他認為小男孩反覆進行這個遊戲顯示他我控制本能，而媽媽的消失似乎帶給小孩一種近似死亡的威脅，小孩用力丟開玩具等於是一種回應失去和威脅的方式，甚至顯示一種報復的本能。這樣的詮釋違反一般人對童年的印象，說服力恐怕不夠，為此佛洛伊德還用小孩看醫生的經驗做為佐證。根據佛洛伊德的解釋，醫生給小孩看病或做什麼醫療措施，小孩日後就會發明相對應的遊戲，把玩具或娃娃玩伴當成替代品，藉機將暴力施加在它們身上，像是扯斷洋娃娃的頭髮獲肢解它們的身體，作為報復醫生的手段。這樣的詮釋放回佛洛伊德晚期較為陰暗的本能理論和文明觀，似乎還頗為一致，自我的形成在很早的階段就已經開始練習侵犯性行為，並從中得到快感。

你多久沒像個純真的小孩笑著？

　　以上「哲學中的遊戲」藉由一些哲學觀點從悖論、信仰、語言、欲望和本能等不同的面向談遊戲。在本文最後這一個小節裡，

我想回到一個比較「感性」（不代表沒有哲學思考的深度）的角度
談遊戲，為全文作結。德國哲學家班雅明的《柏林童年》(*Berlin
Childhood*) 是他的童年生活記憶敘述，柏林的街景、遊樂園、動
物園等甚至整個柏林都是他日常遊戲的場所。作品所記錄的不僅
是視覺記憶，同時也是聲響、氣味、恐懼、焦慮、各種不同的感
觸。班雅明的兒時回憶離不開遊戲，那也是傾聽事物的話語，明
信片、電話機、紀念碑、玩具、箱子、火車站，甚至連影子都不
再只是被動的靜態物件，而是被賦予豐富的生命。這樣的回憶自
然不是被動的、機械式的回憶，而是充滿想像的創造。班雅明提
及一張明信片特別擄獲他的記憶，上面有女教師海倫娜·普法勒
(Helene Pufahl) 的簽名。德文姓氏 Pufahl 裡的字母 P 代表「義務」
(*Pflicht*)、「準時」(*Pünktlichkeit*) 和「成績優秀」(*Primus*)；f 則是
「聽話」(*folgsam*)、「勤奮」(*fleißig*)、「完美無缺」(*fehlerfrei*)；
最後的 l 則表示 「虔誠溫順」 (*lammfromm*)、「值得頌揚」
(*lobenswert*)、「好學不倦」(*lernbegierig*)(65)。在這個回憶的遊戲
裡，名字不再只是名字，而是文字與聲響的聯想。而臥病在床的
獨處，對幼時的班雅明則是枕頭、牆壁、手指和陰影組成的遊戲
世界。班雅明寫道：「沒有什麼東西會比我躺在著這一點更能使我
從這光線中得到一個別人沒有那麼快就能得到的好處：我利用我
的靜臥和床與牆之間較近的距離，用手影圖案向那道光線表示歡
迎」(75)❷。

問題與思考

設計類似的聲音與文字遊戲吧！

　　想來或許有些感傷，總有太多緣故使我們遠離了這樣充滿童趣想像的生命經驗！英國浪漫主義詩人華茲渥斯 (William Wordsworth) 相信不朽的靈性在有限的肉體生命開始之前就已存在，但隨著年歲的增長逐漸暗淡，他感慨生命的歷程無異於沉睡、遺忘和永無止境的模仿。然而，華茲渥斯享有「追憶的詩人」這樣的美名，他對於記憶或靈性的召喚抱持信念，相信透過追憶可以找回與自然緊密相連的純真感動，彷彿看見孩童們在不朽的記憶海岸快樂地玩耍著❸。

　　我無法確定我們玩的遊戲是否都能召喚純真的靈性，畢竟有很多遊戲都可能複製了成人世界不同形式的競爭、貪婪或暴力。班雅明和華茲渥斯有關回憶的作品讓我們看到的遊戲不再是有清楚規則和預定目標，而是關乎創造性的追憶和感受，這也是我認為學習和教育不可或缺的元素。作為一種遊戲的追憶不只讓我們想起以往的事物和經驗，更讓生命世界裡的點點滴滴活了起來，包括那些環繞在我們週遭的物件、景觀、人事物，傾聽他們的話語，彷彿像一個小孩般好奇、甚至固執的探問整個世界。生活中到處都是故事，驚奇也好，感傷也好，都是真實而鮮活的感受。我上文學課的時候給學生一道回憶的功課，要他們想想自己多久沒像個純真的小孩笑著，問他們還記不記得自己可愛的臉孔和聲音。

　　如果玩遊戲對於我們能有什麼倫理性的啟發，我認為會是一種純真的生命態度和體驗。有沒有可能設計出什麼樣的遊戲，能夠喚醒人們靈魂深處的那個純真的小孩？從哲學思考的層次上嚴格來說，這不是個該問的問題，那樣的話，遊戲似乎就有了目的。但是如果能夠融入多一點敘述、傾聽或者感受的元素在遊戲之中，

而不是完全以技術或輸贏為導向，也許會比較有可能產生制式的
遊戲框架之外的可能性。

　　玩起來吧，不論大人或小孩！

附註

❶　兩個詞語參考李順興之譯法，見李順興，〈以詩打擊死亡的新方法：
　　再論文學遊戲中的嬉玩與競玩成分〉。《聯合電子報》，《e 世代文學電
　　子報》，《美麗新文字》專欄，252 期，2002 年 2 月 3 日。
　　http://benz.nchu.edu.tw/~garden/cyb-crit/hyp-paidia-web.htm

❷　班雅明 (Walter Benjamin) (2012)，《柏林童年》(*Berliner Kindheit um
　　Neunzehundert*)。王涌譯。臺北市：麥田出版。

❸　見華茲渥斯詩作〈不朽的啟示〉("Intimation of Immortality")。

參考書目

延伸閱讀

Caillois, Roger. (1961). *Man, Play and Games*. Meyer Barash (Trans.). Urbana:
　　University of Illinois Press.

班雅明 (Walter Benjamin) (2012)，《柏林童年》(*Berliner Kindheit um
　　Neunzehundert*)。王涌譯，臺北：麥田。

蘇威茲 (Bernard Suits)(2016)，《蚱蜢：遊戲、生命與烏托邦》(*The
　　Grasshopper: Games, Life and Utopia*)。胡天玫、周育萍譯，臺北：心
　　靈工坊。

桌遊網站 (Board Game Arena)，https://en.boardgamearena.com

史丹福線上哲學百科全書 (Stanford Encyclopedia of Philosophy)，
　　https://plato.stanford.edu/

看不懂作品時需要問作者嗎？

林斯諺

詩人鄭愁予的〈錯誤〉一直以來被解讀為是女子對於情人或丈夫的思念，是所謂的閨怨詩。但在一次訪談中，作者本人說這首詩的重點其實是關於戰爭的無情，五十多年來人們（包括國文課本）都誤解這首詩了。按照大多數人的解讀，倒數第二句「我達達的馬蹄是美麗的錯誤」中的「美麗的錯誤」指的是詩中的「你」將「我」的馬蹄聲錯認為歸來的情人或丈夫。但按照作者本人所言，這首詩是他關於戰爭逃難的記憶。第二句中「那等在季節裡的容顏如蓮花的開落」中的「蓮花的開落」象徵生命的無常，「達達的馬蹄聲」則是敵人的馬車拉著砲在跑的聲音。這件事被媒體爭相報導之後引起一陣譁然，這等於是讓這首詩從情詩變戰詩，顛覆了以往眾人對此詩的印象，國文課本是否也該改寫了？

不過，詮釋是作者說了算嗎？就算作者說是戰詩，把它解讀成情詩有何不可？

在大部分的時候，我們沒有機會聽到作者自己怎麼說，這種時候讀者往往會各說各話而僵持不下。例如，晚唐浪漫派詩人李商隱留下許多膾炙人口的詩，這些詩晦澀難懂，光是〈錦瑟〉一詩就引發了各式各樣的解讀。原詩如下：

〈錦瑟〉／李商隱

錦瑟無端五十絃，一絃一柱思華年。

莊生曉夢迷蝴蝶，望帝春心託杜鵑。

滄海月明珠有淚，藍田日暖玉生煙。

此情可待成追憶，只是當時已惘然。

　　這首詩深受許多人喜愛，但對於詩中之意，歷來眾說紛紜。有人認為這是一首愛情詩，訴說詩人過往的一段情緣；有人認為這首詩是詠物詩，與愛情無關，而是在描述「瑟」這種樂器所能彈奏的音樂；也有人認為這首詩是李商隱在感嘆自己失意的一生。從李商隱以及鄭愁予的詩出發，我們不禁有下列疑問：

　　一首詩（或說一個作品）是否存在一個唯一正確的詮釋？

　　如果是的話，憑什麼這麼說？

　　如果不是的話，是否代表任何詮釋都是可被接受的？

　　如果我們接受一個作品只會有一個唯一正確的詮釋，那麼是什麼決定了這個詮釋？是作者的創作意圖嗎？例如，鄭愁予的創作意圖是否決定了〈錯誤〉這首詩是戰詩而非情詩？還是說只要我們仔細比較檢討諸多不同的詮釋，最終會發現有些詮釋其實沒那麼合理，並且能得出一個最合理的詮釋？

　　如果我們不接受一個作品只會有一個唯一正確的詮釋，那似乎也不代表任意的詮釋都是可被接受的。例如，如果有人主張〈錦瑟〉一詩的主旨在於表達父母如何教育小孩，我們大概會認為這個人在胡說八道。問題是，為什麼育兒的解讀被我們駁斥，但我們卻會承認詠物詩的解讀至少是一個可能的詮釋？這其中的差別

在哪裡？

　　在本文中，我們將介紹哲學家對於作品詮釋的幾種看法。一個核心的關鍵就在於作者的意圖是否決定了作品表達了什麼。我們常聽到「作者已死」的說法，但作者真的死了嗎？就算承認作者已死，詮釋似乎也不能是任意的。關於作品詮釋的哲學問題牽涉到許多複雜但又有趣的討論。底下讓我們從詮釋的基本概念談起。

表層意義與深層意義

　　我們在欣賞文學作品時，一個切入的角度就是這部作品究竟「想說什麼」。例如，李商隱的〈錦瑟〉表達了什麼？卡夫卡 (Franz Kafka) 的《變形記》(*The Metamorphosis*) 故事背後的意涵是什麼？這也是在探究作品的意義 (work-meaning)，而找出作品意義的過程就叫做詮釋 (interpretation)。

　　要注意的是，詮釋所要找出的意義不是字面上的意義 (literal meaning)。例如，在閱讀〈錦瑟〉時，我們都知道這首詩字面上的意義，詩人提到了瑟這種樂器，也提到了莊周夢蝶等四個典故以及最後的追憶之情；在閱讀《變形記》時，我們知道故事敘述主角有一天早上突然變身成甲蟲，無法與家人溝通，最終孤獨地死去。這些都是作品字面上的意義，或者說作品的「表層意義」。然而，困擾我們的不是這種意義，而是更深層的意義：〈錦瑟〉一詩為什麼要提到瑟這種樂器？詩中四個典故有何用意？「此情可待成追憶」的「情」指的又是什麼？《變形記》中的主角為什麼變成甲蟲？描述主角變形成甲蟲這種荒誕的故事其重點在哪裡？我們

想要尋找的是作品的深層意義而非表層意義，可以說，作品意義指的是作品的深層意義，而詮釋一個作品就是要找出它的深層意義。但問題就在於，既然深層意義不像表層意義有被文本明確陳述出來，我們要如何決定一個作品的深層意義是什麼呢？

作者說了算嗎？

關於如何決定作品的深層意義，一個最簡單也最直覺的答案是：直接問作者。作品是作者創造出來的，作者理應是最了解作品的人，因此如果讀者不知道作品意義是什麼，直接問作者就好了。然而，這裡第一個會碰到的困難就是，很多作者已經不在世界上了，例如李商隱或卡夫卡都不已經不在人世，想問也不可能問到。再者，就算他們還活著，我們有把握他們一定會像鄭愁予這樣樂於告訴我們答案嗎？卡夫卡生前交代他的朋友在他死後要把他所有作品都燒毀，不准出版，顯然他的作品是只寫給自己看的。像這樣的作者，我們實在很難想像他會願意一一如實回答讀者的提問——假設讀者有機會在他生前讀到的話。就算作者還活著也願意告訴別人他的創作意圖，也不代表他所說的就是真的。有時候我們有可靠的證據顯示作者可能記錯自己的意圖，或者因為某些緣故說謊。

不過這些都不代表作者意圖就一定無法被我們發現。如果作者非常認真地陳述自己的意圖，甚至還寫成文章發表，這樣的證據應足以說服我們相信他說的話，更不要提有些作者還留有一些創作筆記或日記，上過訪談節目，透露過創作意圖。同樣地，對於很多作品而言，就算作者已經死去，還是可以找到一些相關證

據（如上述提到的筆記、日記、訪談或相關證人）來證明作者創作作品時的意圖是什麼。如果這些證據沒有太大問題，我們就可以有相當的自信來說明作品的意義是什麼。哲學上把訴諸作者意圖來決定作品意義的詮釋理論稱為意圖主義 (intentionalism)。

延伸知識

意圖主義在早期常與所謂的傳記批評 (biographical criticism) 掛勾。傳記批評是一種文學評論的形式，主張作品是作者內在世界的展現，因此要了解作品，必得先了解作者。而了解作者最好的方式就是透過作者的傳記（不論是自傳或他人撰寫的傳記）。

看似直覺的意圖主義似乎會導致一個不好的後果，就是一切由作者說了算。假設李商隱還在世時有人問他〈錦瑟〉的意義是什麼，結果他很嚴肅地說這首詩是要表達父母如何教育子女。如果李商隱看起來不像是在胡言亂語，問問題的人可能會眉頭一皺，畢竟要說〈錦瑟〉是詠物詩或情詩都還說得過去，但這首詩再怎麼看都不像是育兒經啊！在這裡我們可以發現一件事，作者的意圖似乎跟作品的表層意義「兜不起來」。如果有這樣的狀況，我們可以說作者的意圖失敗了，因為根本沒有人讀得出作者本來想表達的意思。仔細想想，這的確是很常見的狀況。很多時候，作者下筆時，心中的意圖是 A，結果等作品寫出來，讀起來卻跟原本想的不一樣，變成了 B。這就如同我們平常在跟別人說話時，本來想講 A，結果沒講好，表達成 B，這種狀況就是我們原本想表達 A 的意圖失敗了。套用到創作作品的脈絡中，這道理也是相似的，但如果意圖失敗很常見，卻還要堅持作品意義是作者說了算，

等於是主張作者意圖不可能失敗。但這似乎是不合理的。

為了回應上述挑戰，有些意圖主義者針對「意圖」做了更清楚的限定。有無可能李商隱明明知道沒有人能從〈錦瑟〉的文字讀出育兒的意涵，卻還想要這樣創作來表達出育兒的意涵？如果不可能，跟表層意義兜不起來的情況應該是不會發生。換句話說，若連李商隱自己都不相信有人能從〈錦瑟〉讀出育兒的意涵，那他就不可能有這樣的意圖。

讓作品自己說話

反對意圖主義的人則認為，作品意義是什麼，不是由作者來決定，而是由作品自己來決定。這派哲學家因為反對詮釋時訴諸作者意圖，因此他們的立場被稱為反意圖主義 (anti-intentionalism)。反意圖主義者主張，詮釋作品的線索都在文本之內，我們只要仔細推敲文本即可找出作品意義。

首先，我們必須明白，作品意義的判斷有賴於我們掌握整個文本的表層意義。這意思是說，我們不能僅根據文本的片段去判斷作品的意義。假設在某一個故事中，角色 A 對角色 B 說：「我覺得你比福爾摩斯還要聰明！」我們是否能夠得出「A 對 B 有讚美或景仰之意」這樣的結論，甚至進一步推斷 A 對 B 有愛慕之情（如果文本告訴我們這兩人是一對年輕男女）？答案是未必，因為我們必須將上下文考慮進去。如果 A 說出這句話的脈絡是，B 做了一件天大的蠢事，那麼 A 就不是在讚美 B，而是諷刺 B。假若整個故事都沒有其他證據顯示 B 真的是一個特別聰明的人，甚至有其他證據顯示 A 是說話很直率的人，那麼我們就更能確定在這

個段落中 A 是在諷刺 B。更複雜的地方在於，一個人諷刺別人不代表其中就沒有愛慕之情，因為我們可能故意嘲諷自己喜歡的人來博取注意。因此要判斷 A 對 B 是否有愛慕之情，也要看文本其他地方是否有證據顯示這件事。要做出上述種種判斷，有賴於我們掌握「整個」文本的表層意義。當我們這麼做的時候，我們才會有更多判斷深層意義的依據。

　　第二，語言慣例 (linguistic convention) 也可以指引我們尋找深層意義的方向。如果一首詩中用「獅子」來形容一個人，那麼我們可以合理想見，這應該是在說這個人有雄壯威武的風範。無論如何，總不可能是在說這個人膽小怯事。畢竟依照我們使用語言的習慣，「獅子」一詞是與威猛連結在一起，膽小的話用老鼠來形容比較適恰，不然怎麼會有「膽小如鼠」這句成語呢？當我們在判斷深層意義時，人們使用語言的習慣可以讓我們抽絲剝繭，做出進一步的推論。反意圖主義者認為，這一點結合上一點（掌握文本的整體表層意義），在大多數時候我們都能推導出作品的深層意義。如果無法辦到，那只能說這部作品在意義上本身就是模糊的，不具備任何明確的意義。

延伸知識

反意圖主義在早期結合了二十世紀英美學界的新批評 (New Criticism) 文學運動。新批評運動強調文本的細讀以及文本的自主性，極力反對傳記批評等與意圖主義掛勾的文學評論方式。反意圖主義最有名的兩位代表性人物是文學評論家威薩特 (William Wimsatt) 與哲學家比爾茲利 (Monroe Beardsley)，兩人在 1946 年共同發表〈意圖謬誤〉("The Intentional Fallacy") 一文，主張詮釋作品

時訴諸作者意圖便是犯了意圖謬誤。「意圖謬誤」一詞遂成為英美學界討論詮釋議題的流行詞彙。

然而，那些反對反意圖主義的人指出，在詮釋作品時僅僅掌握語言慣例是不夠的。中文的成語常常包含許多背後的典故。例如，要了解「草船借箭」這句話的意思，有賴於我們知道它背後的故事。〈錦瑟〉一詩就涉及相當多的典故，如果我們連「莊周夢蝶」的故事都不知道，恐怕連提出一個可能的詮釋都有困難。反意圖主義者則認為，人類關於語言的知識其實都可以看成是廣義的語言慣例。用最簡單的方式來說，國文課本中針對課文的解釋以及註釋都是這類知識，其中當然也包括成語或字詞背後的典故。

我們可以用一個比喻來說明反意圖主義的精神。孩子一旦生下來就會擁有自己的意志，無論父母如何左右都無法對其做出改變。同樣地，作品就像作者的孩子，一旦被創作出來就擁有自己的生命，無論作者意圖是什麼，作品說了什麼是由作品自己來發聲，而不是由作者來決定。從這個角度來看，要說反意圖主義主張「作者已死」亦未嘗不可。

作者未死

即使「作者已死」有些道理，然而那些支持意圖主義的人並未因此放棄意圖主義。根據前述，反意圖主義者指出意圖主義最大的問題就是忽視意圖的實現有失敗的可能，因此導致無論如何都是「作者說了算」的奇怪後果。有些意圖主義者退後一步，接受意圖有失敗的可能，畢竟接受這件事吻合常識。但他們主張作

者意圖如果成功實現的話，的確可以決定作品的意義。這種立場稱為溫和或者審慎版本的意圖主義 (modest intentionalism)。

讓我們再拿〈錦瑟〉來舉例。下面是這首詩三種可能的詮釋：(a)在講述瑟這種樂器的音色；(b)在講述詩人與某名女子的戀愛；(c)詩人對亡妻的悼念。關於〈錦瑟〉的詮釋眾多，為了不使問題複雜化，讓我們先限定在這三種可能的解讀。假設今天有很可靠的證據顯示李商隱創作這首詩的意圖是 b，那麼根據審慎版的意圖主義，〈錦瑟〉的作品意義就是 b。也就是說，根據這種意圖主義，只要作者意圖符合眾多可能詮釋的其中一個，那麼這個意圖就算成功實現，也就決定了作品意義。可是如果今天李商隱的意圖失敗了（例如他的意圖是關於育兒經），那麼這樣的意圖就無涉作品的意義。在意圖失敗的狀況下，我們就按照反意圖主義的方針去評估 a、b、c 三種詮釋，看看哪一種是最合理的，再據此決定作品意義。

審慎版的意圖主義保留了作者存在的空間，因此作者未死。此外，它也納入了反意圖主義的直覺，承認意圖有失敗的可能。對於那些認為詮釋理論不應該排除作者意圖的人，審慎版的意圖主義是一個非常有吸引力的哲學立場。

然而，審慎版的意圖主義遭遇的最大困難便在於如何更完善地解釋何謂「成功實現」。假設有一天我們發現了福爾摩斯探案的作者亞瑟・柯南・道爾 (Arthur Conan Doyle) 的創作筆記。根據這份筆記，福爾摩斯其實是偽裝成地球人的火星人，所以他才會超乎常人地聰明。這個說法似乎跟福爾摩斯探案的文本不衝突，畢竟故事中沒有任何駁斥這點的線索。如此一來，「福爾摩斯是火星人」似乎也可以是一個可能的詮釋。如果審慎版的意圖主義者沒

有針對意圖成功實現的條件多做說明，上述這種「與文本沒有明顯衝突卻不那麼適恰」的詮釋就都會被納入考慮了。

問題與思考
你認為鄭愁予關於〈錯誤〉的創作意圖有成功實現嗎？這個例子跟「福爾摩斯是火星人」是同一類例子嗎？如果不是，為什麼不是？

猜測作者的心思

如果採取意圖主義的立場，我們便要訴諸作者意圖來決定作品意義。然而，在一般的狀況下，我們尋找關於作者意圖的證據往往發生在閱讀作品之後。在閱讀的過程中，我們對於作者想說什麼有了一些猜測，但不確定哪個才是對的，於是在閱讀之後才去尋找關於作者意圖的證據。如果能找到證據，我們便能決定作品表達了什麼。

有一些哲學家認為，我們對於作品意義的認定應該停留在對於作者意圖的猜測，或者嚴格說，是停留在對於作者意圖的假設。這種立場稱為假設意圖主義 (hypothetical intentionalism)。為了不與意圖主義混淆，底下將之前介紹過的意圖主義稱為真實意圖主義 (actual intentionalism)。

假設意圖主義者認為，作品的意義是由假設意圖——而非真實意圖——所決定。如前所述，假設意圖指的是讀者對於作者意圖的假設。假設意圖主義對於「讀者」以及「假設」這兩個概念都有一些條件限定。

首先，所謂的假設必須是最佳假設 (best hypothesis)，也就是讀者根據相關證據針對作者意圖所做出的、最有機會為真的假設。同樣地，在詮釋文學作品時，我們也能針對作者意圖進行假設。根據相關證據——主要是文本還有我們對於作者及其作品的了解——我們可以推敲作者的意圖到底是什麼。這些相關證據並非任意的，而是必須受到一些限定，亦即所有的詮釋者都必須依照這些限定的證據來推敲。

對假設意圖主義來說，做出最佳假設的讀者並非任意的讀者，而必須是所謂的理想讀者 (ideal reader)，也就是具備理想條件的讀者。理想讀者活在作者創作作品的時空中，但並不一定是作者心中預設的讀者。也就是說，理想讀者並非指向作者生存年代時的特定讀者，而是一個抽象的、理想的讀者形象。具備理想形象的讀者對於作品被創作出來的時空有著一定程度的了解。例如，以〈錦瑟〉而言，理想讀者對李商隱寫這首詩的時空脈絡有所了解。李商隱是在什麼年代寫這本書？那個年代的政治、文化、歷史以及社會情況是如何？李商隱本人寫過其他什麼樣的詩作？受哪些作家影響？他的生長背景又是如何？掌握這些資訊的讀者就是理想讀者，比起完全不知曉這些資訊的「非理想」讀者，對於作者意圖的最佳假設可能會大不相同。例如，如果你不知道李商隱在另一首悼念亡妻的〈房中曲〉也提過「錦瑟」二字，你在考慮〈錦瑟〉這首詩的作者意圖時，可能就不見得會認為「悼念亡妻」這個假設會是最佳假設。

然而，假設意圖主義者主張，理想讀者並不需要掌握文本之外關於作者意圖的證據（如果有這種證據的話）。就算李商隱留下證據顯示創作〈錦瑟〉是為了悼念亡妻，理想讀者也應該忽略，

即使這樣的證據會是真實意圖主義者最在意的。對於讀者來說，針對作品與作者我們不能什麼都不知道，但是我們也不必什麼都知道。只要掌握關於作品與作者的相關資訊即可。這就是為何要求詮釋者站在理想讀者的位置來猜測作者的心思。然而，為什麼要刻意忽略關於作者意圖的證據呢？

這牽涉到假設意圖主義者對於文學體製的根本看法。假設意圖主義者認為，文學的創作與閱讀活動有一些不成文的規則，其中一條就是：讀者不需要真正知道作者的心思。這是作者與讀者之間的默契。這種默契可透過觀察來發現。我們大概很少聽說過作者要求讀者一定要跑來問自己或者是翻查日記才能看懂作品。正常的作者不會在書前的自序寫：「你一定要來翻我的日記才能看懂這部作品。」同樣地，我們也不常看到讀者整天像偵探一樣去調查作者到底想說什麼。如果我們認同有這種默契存在，假設意圖主義就有理論基礎。

真實意圖主義者對於上述說法提出反駁。首先，真的有這種不成文的規定嗎？假設意圖主義者其實並沒有提出任何統計數據來支持自己的主張。再者，就算真的有這種不成文規定好了，這也不代表哲學家提出的詮釋理論一定要按既有的規定走。畢竟，詮釋理論的工作之一就是要給予讀者詮釋上的建議。第三，「對作者意圖做出最佳假設」其實與「讀者不必找出作者真正的心思」有很大的衝突。前者感覺就是要找出作者意圖，後者卻又說要忽略作者意圖。如果真的要提倡一個反對作者意圖的理論，恐怕就不應該談「關於作者意圖的假設」。

除了上述這些質疑，真實意圖主義者進一步追問：最佳假設只會有一個嗎？我們可以合理預期，對於許多作品我們可以得出

許多互相競爭的最佳假設，難分軒輊，〈錦瑟〉便是最好的例子。假設意圖主義者承認這樣的現象。在這種狀況下我們必須選擇能提高作品價值的詮釋。也就是說，如果針對某作品我們得出最佳假設 H1、H2、H3，而 H2 比起其他兩個假設更能放大作品的價值，那麼我們就應該說 H2 決定了作品的意義。有些哲學家質疑，如果這種說法成立的話，我們何不一開始就選擇「價值」做為決定作品意義的標準呢？為何還要去牽扯作者意圖以及對意圖的假設？

> 問題與思考
>
> 假設意圖主義認為詮釋者應該要掌握關於作品與作者的相關資訊。然而何謂相關？創作時，作者每天寫的日記與信件算不算相關？要掌握多少脈絡與背景才算？你認為呢？

挖掘作品的價值

有些哲學家主張，文學詮釋的目的在於放大作品價值，只要能提高作品價值，那就是恰當的詮釋。這種立場稱為價值最大化理論 (value-maximizing theory)。這種理論延續反意圖主義的思路，認為我們不需訴諸作者意圖（即使是假設意圖）來決定作品意義。然而，價值最大化論者不認同反意圖主義所說的，只要掌握語言慣例（以及文本整體的表層意義）就能得到作品意義。價值最大化論者認為這種立論過於理想化了。事實上，僅僅根據語言慣例，我們往往可以得到多於一個的詮釋，而很難再進一步從這些可能

的詮釋中判斷何者是正確的。

另一方面，價值最大化論者同意假設意圖主義者針對理想讀者所限定的條件。也就是說，最大化論者認同詮釋者在詮釋作品時，應該要掌握關於作品與作者的脈絡資訊來進行詮釋，但是最大化論者認為所謂的最佳假設也是過於理想化，在眾多假設中，我們其實很難去比較何者最佳。

既然如此，我們倒不如捨棄「對於作者意圖進行最佳假設」這個步驟。我們所需要的僅僅就是關於語言慣例以及相關脈絡的知識。只要某個對於作品的詮釋與這些條件不衝突，我們就可以納入考慮。當然，如果篩選條件僅僅只是這樣，我們可以預期針對同一個作品會出現很多可能的詮釋。在這個階段，最大化論者建議我們從這些通過第一輪篩選的詮釋中挑選最能放大作品價值的詮釋。

說到此處，有人可能會認為這又是過於理想化的說法，既然最大化論者認為難以從眾多假設挑出最佳假設，憑什麼就認定能從眾多可能詮釋中挑出價值最大化的詮釋？在這裡，最大化論者認為應該要將「最大化」一詞做弱一點的理解：提高作品價值。換句話說，「最大化」應該理解成「提高」。只要能夠提高作品價值就是符合價值最大化原則。由於價值孰高孰低很難比較，因此只要能夠提高作品價值便行。按照這樣的原則，我們便能夠把那些明顯沒有提高作品價值的詮釋刪除，剩下來的就是「價值最大化」的詮釋。這種詮釋也是評論家或讀者應該追求的。如果要用一句話來刻劃價值最大化理論，那大概就是：如果可以把作品說得更好，就不要把它說得較差。

不過，這裡還是有個問題：有沒有價值是誰說了算？是自己

認定有價值就是有價值，還是有客觀標準可依循呢？以詮釋理論的討論範圍而言，或許價值最大化論者不見得有必要針對這個問題給出一個正確答案，畢竟對詮釋者而言，不知道這個哲學問題的答案還是能進行詮釋。最重要的地方可能還是在於，當我們針對一個作品給出最大化詮釋時，我們是否能說明為何這樣的詮釋可以提高作品價值。例如，把〈錦瑟〉詮釋成詠物詩是有價值的，因為在這種詮釋下，中間四句的典故很巧妙地隱喻了瑟這種樂器所能彈奏的四種音色。把典故與聲音連結這種寫作技巧在唐詩中並不常見，這讓〈錦瑟〉一詩顯得十分特別。

有些人可能會質疑，這個理論會不會把作品的價值「無限上綱」，把不好的或沒那麼好的都講成好的？最常被哲學家討論的一個例子就是 1959 年的科幻恐怖電影《外太空九號計畫》(*Plan 9 from Outer Space*)，由美國導演艾德・伍德 (Ed Wood) 執導。這是一部低成本的商業片，內容描述外星人為了阻止地球人發明可以毀滅宇宙的武器，喚起了地球上的喪屍大軍來阻止人類。這部片曾被評為影史最爛電影，但後來許多評論家重新檢視其價值，認為伍德的拍攝手法顛覆了許多好萊塢的成規，十分前衛，因而富含深意。然而，價值最大化理論並非贊同我們可以盲目地給出讓作品變得有價值的詮釋。

假設有評論家這麼詮釋這部電影：「本片顯然預言了未來，認為人性之惡必然會導致自身的毀滅，對此有所警醒並以行動來遏止的竟然是有殖民意識的外星人而非人類自身，這是十分高明的諷刺手法。」價值最大化論者可能不會同意這樣的詮釋，主要是因為本片所呈現出來的細節不足以支持該詮釋。要呈現人性之惡、人類未來可能的走向以及物種的反諷，這並不是上述兩三句話的

故事大綱就能建立。《外太空九號計畫》從頭到尾就是人類與喪屍、外星人的大戰，看不出有任何心理、政治甚至科技的深刻描繪與細節堆疊。價值最大化不能盲目吹捧，而是必須根據作品實際樣態來設下限制，在這限制內才去談有價值的詮釋。

> **問題與思考**
> 關於鄭愁予的〈錯誤〉，至少可以有情詩跟戰詩兩種解讀。不少人認為若將此詩理解為戰詩，原本的美感便被削弱很多，在審美的價值上有所減損。如此一來，戰詩的詮釋仍然可以視為有提高作品的價值嗎？請說明你的看法。

詮釋的目的

我們可以發現，不同的詮釋立場預設了不同的詮釋目的。對反意圖主義者來說，詮釋的目的就是找出由語言慣例所決定的作品意義；對真實意圖主義者來說，詮釋的目的就是找出作者的意圖；對假設意圖主義者來說，詮釋的目的就是對作者意圖做出最佳假設；對價值最大化論者來說，詮釋的目的就是要提高作品價值。如果詮釋者接受了某一種詮釋目的，那麼他的詮釋就會被該種目的給決定。按照這樣的看法，作品詮釋的爭論其實就是詮釋目的的爭論。當一個人認為我們應該接受鄭愁予關於〈錯誤〉的創作意圖時，他其實就是接受了詮釋作品時應該訴諸作者意圖。反對者可以指出不一定要接受這樣的詮釋目的。例如，價值最大化論者會主張，作品是拿來欣賞用的，因此尋找能提高作品價值

的詮釋會比發現作者心中內定的詮釋更重要。當雙方把各自的詮釋目的釐清後，就可以針對各自的詮釋目的是否合理做進一步討論。

當我們在閱讀別人對於作品的詮釋時，往往也能察覺對方所認定的詮釋目的。如果一個評論家不斷引述作者說過的話來解讀作品，那麼對方很有可能就是把發現作者意圖當成詮釋的目的。如果你不認同他的解讀，很有可能是因為你自己對詮釋的看法與對方不同，這時便可深入思考自己究竟是抱持什麼樣的看法。

在某些時候，能夠準確判斷對方的詮釋立場是很有幫助的。例如，我們大部分的人都經歷過國文考試，不論是大考或小考，總是會有與詮釋作品相關的文意測驗或閱讀測驗。在這種測驗中，考生必須從選項中選出給定段落或文章的文意。這種題目常見兩種抱怨：㈠文章被選入考題的作者自己都答不出來；㈡正確答案之外的選項似乎也不是不可以。這樣的測驗本身當然有其爭議，畢竟如何詮釋作品這件事本身就是個迄今還沒有答案（也可能不會有答案的問題）。然而，這樣的題目其實也能測試我們掌握他人詮釋立場的能力。如果今天題目問的是課本上的文章（或是與課本選文有高度相關的文章），我們可以很合理地假定，出題者是希望考生藉由掌握作品及作者相關的資訊來選出答案，這非常符合假設意圖主義的詮釋法。亦即，此時出題者心中抱持的詮釋目的應該是要考生選出最有可能是作者意圖的答案。在這樣的詮釋目的底下，出題者會假定考生從課本與課堂獲取相關資訊，以此為基礎下去推敲作者意圖。這時如果選擇「並非最佳假設但還是可以說得通」的選項，恐怕就比較不明智。

有時候考卷中選讀的文章是課本不曾出現過的，考生也可能

沒讀過的。如果文章與考生讀過的材料明顯沒有關聯，這個時候出題者可能就是預設了反意圖主義的詮釋目的（即使出題者並未清楚意識到這件事）。也就是說，考生必須僅僅憑藉對於語言知識的理解以及文本整體的脈絡，從選項中推敲出一個最合理的詮釋。

> 問題與思考
> 你認為詮釋的目的是什麼？不管你的答案是否與本文介紹的三種立場一致，都請進一步說明你為何贊同這樣的目的。

解決詮釋紛爭的方法

關於如何詮釋作品有許多不同的看法，本文僅簡單介紹當代英美哲學中三種主流的立場，其中有幾個重點。首先，許多讀者琅琅上口的「作者已死」似乎並非絕對，我們可以看到，不管是真實意圖主義或是假設意圖主義在不同程度上都還是涉及作者意圖。第二，詮釋似乎也不是「讀者說了算」。很多人會認為作品詮釋是很主觀的事，我認為這樣就是這樣，你認為那樣就是那樣，沒有什麼標準答案。然而，從上文的討論我們可以發現事情並沒有這麼單純。當你排除〈錦瑟〉一詩是在談育兒經時，你其實已經預設了一些客觀標準。也就是說，作品詮釋不會是完全任意的，一個人主張某個詮釋是合理的時候，他下意識可能已經依循了某些詮釋理論。例如，他已經預設了我們應該訴諸作者意圖。如果把理論搬到檯面上來討論，我們當然就能進一步討論奠基在該理論上的詮釋是否合理。

參考書目

沃草烙哲學作者群 (2019)，《思辨決定你的未來》。臺北：究竟。

沃草烙哲學作者群 (2017)，《現代草民哲學讀本》。臺北：究竟。

Davies, Stephen. (2015). *The Philosophy of Art*. Malden, MA: John Wiley & Sons.

林斯諺 (2017)，〈文學詮釋沒有唯一解，挖掘作品的好才是王道〉。《鳴人堂》，https://opinion.udn.com/opinion/story/6685/2773696。

Practice III

感性

人們之間的關係，受性別影響甚鉅。究竟人們的性別，是自然的產物，還是社會的建構？我們又要如何反思性別與自由之間的關係？

愛情往往令人著迷，卻又難以言喻。究竟愛一個人需不需要理由？愛一個人又是愛上他的什麼？如果是著迷於他或她的某些特質，那麼是否也有可能會愛上其他有這樣特質的人？

搞什麼性別？

劉亞蘭

你有聽過「黑白配，男生女生配」的遊戲嗎？以往人們提到性別時，馬上想到的就是男性和女性兩個範疇。然而，就像黑白之間還有許多不同的色彩，人們現在也逐漸發現，性別的劃分，不僅僅只是黑白兩色的截然劃分而已。這些變化，不只是理論層面上的，也反映在實際的政策面上。例如，不同性傾向的人的公民權利：從 2001 年，第一個宣布同婚合法化國家——荷蘭開始，到現在，包括臺灣，已經陸續有將近 30 個國家宣布同婚合法化，這股浪潮還持續進行中。或者，接受男、女以外的第三種性別認同：荷蘭、加拿大、澳洲、紐西蘭等國家陸續裁定，允許公民將出生證明重新登記為「性別未定」，或是在護照提供除了男女外的 X（不指明）選項❶。又再者，承認性別認同的多樣化：臉書在 2014 年的官方頻道宣布，性別欄的選擇除了原本的男性、女性外，新加入 56 種新的性別認同選項；到了 2015 年，臉書又多了一個空白欄的選項，讓用戶可以自由決定如何形容自己的性別。❷由此可見，性別早已不是原本我們所熟悉的生物性別，還關乎「我是誰」、「我可以跟誰戀愛、結婚」這樣的自我身分認同與感受，這使得「性別」議題，從過去由生物學和醫學所主導的觀念，變成一個非常複雜的跨領域概念：涉及到生物學、社會學、女性主義、政治認同等等。從男女兩性到似男非女，從 2 種性別到 56 種

性別再到 X，從異性戀到同性戀，性別究竟是怎麼一回事？

生物性別 VS 社會性別

在傳統上，我們通常把生物性別 (sex) 直接連結到生殖和繁衍的功能，而成功的生殖繁衍，需要兩個不同的性別：雄性與雌性／男性與女性，因此「性別」很容易直接被當成是生物的性徵。而且這個生物性徵還可以進一步推衍到心理和社會層面，也就是說，什麼樣的生物性徵，就決定了什麼樣的性別認同（認為自己是男或女）、性傾向（喜歡男生或女生）和性別氣質（陽剛或陰柔），而且從一出生就不會改變。

但是在一些性別研究和女性主義的討論裡，性別的「社會建構」（指的是性別的社會面向）是更值得關切的問題。因為，社會文化對男性氣質和女性氣質的建構方式，會使得男女在性格、能力、職業、家庭分工等方面出現明顯的差異，我們通常把這樣的差異稱之為「社會性別」(gender)。社會性別關注的不是生物差異，而是不同的文化差異對性別的建構。因此，在這裡，生物性別不再具有主導的地位，它充其量只是我們討論性別議題的其中一個面向而已。

延伸知識

我們剛在正文提到，社會性別特別關切的面向是：不同的文化差異對性別的建構。因此，像是女性主義者會特別留意父權文化對男女兩性的性別氣質建構下，對女性造成的壓迫，這部分我們後面還會再提及。但除了我們所熟知的父權文化外，世界上還有其他不同的

族群文化，他們對性別概念的想法也很不一樣。

例如，在印尼蘇拉威西島南部的布吉族，他們的社會有五種性別，除了順性別男性、順性別女性外〔「順性別」（cisgender）指的是生理性別和性別認同一致的人，反之則稱為「跨性別」(transgender)，指的是生理性別和性別認同不一致的人〕，還有生理男性但氣質較陰柔的 calabai（帕拉拜）、生理女性但氣質陽剛的 calalai（帕拉萊），以及生理男性或生理女性都可能成為的、兼具兩性特質並且帶有神性的 bissu（碧蘇）。這五種性別，在布吉族的社會裡，彼此之間沒有歧視或異樣的眼光，其中 bissu 在各類傳統信仰活動中作為類似祭司的角色、是人間與神界溝通的橋梁，特別受到族人的尊敬。

類似的例子還有，薩摩亞群島的 fa'afafine，他們是被當成女性角色扶養成長的生理男性，協助支持家族事務，行為舉止及穿著打扮都偏向女性陰柔的特質；夏威夷的 mahu，指的是陽剛氣質的生理女性或陰柔氣質的男性，mahu 這個字的意思就是「在中間」，類似於現在所說的跨性別。

此外像印地安原住民文化裡備受敬重的「雙靈人」(two-spirit)，或是臺灣太魯閣族和泰雅族中的 hagay（是指擁有男性與女性兩種靈魂的人），也被認為可以與 utux（神靈）對話，是受到族人尊重及敬畏的巫師。

可見，對這些部落的族人來說，性別似乎從來就不是簡單的二元劃分，也不僅僅是與生殖繁衍直接連結的生物性別。這些各種多元的性別表現，是再自然不過的存在。

【資料來源：〈哈拉萊、法法菲內、雙靈人、hagay ?? 其實 LGBTQ 就是傳統〉（https://queerology.net/2017/11/in-vetweenness-tradition/）】

　　讓我舉一個例子，來說明什麼是社會文化對性別的建構。

　　讓我們把時空場景拉到古希臘羅馬時期。在歐洲醫學史上，有一位醫學家及哲學家蓋倫 (Galen of Pergamum)，他對男女身體的看法在當時深具影響力。

　　蓋倫那個時候的古希臘醫學，對男女身體有一個非常有趣的看法，那就是他們認為男女身體的生殖器官是很相似的，也就是說，陰莖和陰道沒什麼不同，唯一的差別只在於，一個在身體內部，一個在身體外部；同樣的，男性有睪丸，女性就有一個在身體裡頭的睪丸，也就是卵巢。這意味著，兩性身體只是「程度」上的差異，而不是「範疇」上的不同：差別只是陰莖往內長還是往外長；有卵巢的女人因為發育「沒那麼成熟」，所以陰莖沒能長出體外，兩者沒有本質上的差別。但是，兩者雖沒有本質上的差別，卻有好壞的不同：關鍵在於身體的「熱度」。蓋倫和當時的許多希臘醫生都相信，「熱」是生命的泉源，也是身體發育的關鍵。女性的身體因為不夠熱，所以沒辦法讓陰莖長出體外。也是由於女性的身體不夠熱，所以有月經：她們不像男性，有足夠的體熱將多餘的血液轉化成精液，只好透過月經排血。

　　蓋倫的結論是，「女性是不完美的男性」。其實真正的「兩性」並不存在，只有完美的（男性）身體，跟不那麼完美的（女性）身體。蓋倫這個看似誇張的性醫學知識，竟然一直占據歐洲醫學的主流地位長達一千多年，直到十九世紀才受到強烈的攻擊，被

後來「男女有別」的現代醫學推翻。❸

　　這個例子充分說明了什麼是社會文化對性別的建構。在古希臘羅馬的醫學論述裡，把男女的身體和性，建構成結構相似但是卻有程度差異的身體。不過，結構的相似性並不意味著男女的身體是平等的，因為這套論述把女性的性和身體建構成是劣於男人，是單一男性模型的不完美變種。美國歷史學家拉奎爾 (Thomas Laqueur) 1990 年出版的《製造性別》(*Making Sex*)，便把蓋倫的理論稱之為「單性 (one-sex) 身體觀」，這裡的「單性」指的是男性，女性在這個架構裡並沒有獨立一套的身體系統，她只是一個不完美的男性身體。這個論點和古希臘哲學家的看法幾乎不謀而合，例如亞里斯多德就認為，女人是「失敗的男人」。

　　在過去，上述這些歧視女性的思想，會被認為只是真實反映了女性的生物劣性；但是現在的性別研究則意識到，其實是這些醫學和哲學的觀點建構出女性生物劣性的「真實」。

　　十九世紀以後，這個單性身體觀被「男女有別」的現代醫學推翻，也就是說，男女的性與身體被現代醫學從「相同」建構成「差異」模型：各種醫療文獻的作者都聲稱男人和女人的性慾特質有著根本的差異，從骨骼結構到細胞、大腦、身體的每一個部分，都可以作為性別差異的研究對象。有趣的地方是，科學解釋的典範改變了，但是對女性的歧視仍然沒有變，拉奎爾說，因為十九世紀以後，這個「差異」被解釋為「異常」：可以是身體、情緒、賀爾蒙、性慾的各種異常。馬汀 (Emily Martin) 有一篇精彩的文章可以說明這個現象。她在〈卵子與精子：科學如何建構一部以男女刻板性別角色為本的羅曼史〉 ("The Egg and the Sperm: How Science Has Constructed a Romance Based on Stereotypical

Male-Female Roles") 這篇文章裡，檢視 1980 年代以來的生物和醫學教科書中討論人類生殖系統的部分，結果發現這些教科書內容呈現出既有的性別刻板印象，把精子形容成是勇往直前的戰士，卵子則是笨重、被動等待最勇戰士的女人；而且馬汀還發現，這些教科書裡往往用負面的詞語描述女性的生殖系統，例如月經就是「懷孕失敗的結果」。到了 1990 年代，儘管科學研究對精子和卵子有新的發現，發現卵子具有主動性，但是科學上的描述仍把卵子比喻成主動捕捉誘惑精子的「壞女人」。這些教科書裡的「卵子」對應著現實世界裡對「女人」的刻板印象：要不就是得了病懨懨的公主病，要不然就是男人無法掌控的壞女巫。❹

可見，從「相同」到「差異」，從「主動」到「被動」，科學研究的新發現雖然在改變，但是對女人的歧視卻不斷地經由這些權威的醫學話語被建構出來。所以「男性優於女性」的這番想法，到底是如實反映了生物事實，還是被社會文化建構出來的「真實」，就是社會性別帶給我們最大的反思。

我們從上面舉的兩個例子可以知道，當我們愈是反思到社會文化對性別的建構時，就會愈理解到社會到女性的歧視，因此，女性主義學者特別關切社會性別的各種面向，就不是一件太奇怪的事情了。那麼，女性主義對性別的反思，對社會性別又有什麼特別的貢獻呢？

> **問題與思考**
> 在我們的日常生活中，透過社會文化所建構出的「男性優於女性」觀點，你還能再舉出兩個例子嗎？

從社會性別到父權體制

　　女性主義者認為社會文化對性別建構的最主要關鍵是「父權體制」(patriarchy)。「父權體制」被認為是造成性別不平等的問題根源，而且它不是單一個別的偶發事件，而是一個盤根錯節的結構，深入日常生活的各個面向。這種男尊女卑的性別刻板層級，不僅展現在家庭裡（女性的家事分配），也展現在社會制度的設計（婚喪喜慶或民間習俗對女性的不公平對待）與薪資結構的分配上（男女同工不同酬），還包括日常生活的言行舉止和人際互動上（性侵害和性騷擾）。簡而言之，「父權體制」就是「使男性可以支配女性的社會權力關係的總體」❺。另一方面，在這個結構關係下，父權既然是一種結構性的壓迫體系，男性當然也在它的「勢力範圍」內，只不過並不是所有的生理男性都可得利，如性別氣質陰柔的男性往往成為父權體制的受害者；此外，由於父權體制的「男尊」，傾向於把男性建構成是一個不易表露情感、不善與人溝通的形象，但這其實是對男性的負面心理壓迫。最後，這個重男輕女的父系體制，對於無法生育後代或是沒有兒子的（異性戀）夫妻來說，更是造成非常沉重的壓力。而這個又會連結到另一個相關的體制，就是「異性戀中心／霸權」(heterosexism)。

延伸知識

我們還可以從民間習俗看見「父權體制」：例如，臺灣習俗裡，「嫁出去的女兒就像潑出去的水」：女兒只有大年初二才能回娘家，要不然會帶衰娘家；結婚當天新娘娶進門要丟扇子、過火盆等習俗，這些都是社會對女性的貶抑。

　　傳統的男女性別概念，主要是跟生殖的有效性連結在一起；也就是要能成功生下後代的生物機能和生理構造，才會被異性戀社會視為「正常」的性別，其他無法產生有效生殖機能的身體構造，只能被視為「不正常」或是怪胎，甚至有些性別差異還根本不被看見。在這種情況下，生殖功能不健全的異性戀夫妻、一出生就具有兩性生殖器官的雙性人、對同性產生性慾的人、無法認同自己生理性別的人等，常常成為醫學上需要被「治療」的對象。

　　像這樣把各種性別差異，直接簡化成兩種（兩性的）正常且不會變動的生殖功能，而且不符合這個理想圖像的人就被邊緣化成「不正常」的情況，我們通常稱之為「異性戀中心」。也就是說，異性戀被認為是天經地義的自然法則，非異性戀被認為是「病態」和「不正常」。英國學者史蒂菲‧傑克森 (Stevi Jackson) 還提出另一個相關的概念：「異性戀常規」(heteronormativity)，它的意思是指，異性戀占據了規範的位置，而讓其他的性慾特質被邊緣化，同時，這個規範的位置帶有男性支配的特質，又會造成父權的系統性壓迫。❻這使得異性戀常規和父權體制相互連結，形成更大的體制壓迫。這個壓迫影響的層面，包括：群體中的每個人都被預設為是性別固定不會流動的異性戀身分認同，同時在生活實踐上，也都只以男女兩種性別的異性戀生活為考量（例如，公廁只有分男女廁），更重要的是，這樣的異性戀常規下的兩性關係，從交往模式、伴侶關係到性別分工，幾乎都潛藏著性別不平等的問題。這也就是說，「異性戀常規」不只是愛戀對象是異性而已，還涉及到更廣泛的社會互動與分工等結構性的問題。

總之，女性主義提供我們關於社會文化對性別建構更細膩的反思，藉由這些反思，我們也得知，女性不是父權體制和異性戀壓迫下的唯一受害者，許多男性也身受其苦。接下來，我們要問的問題便是：在這些體制對性別的建構與壓迫下，個體如何實踐自由？

> **問題與思考**
> 打破父權體制和異性戀壓迫，或許可以從自己做起。你能夠為自己和你的伴侶規劃一個性別友善的婚禮嗎？可以從網路或者參考書目裡的《大年初一回娘家：習俗文化與性別教育》一書，了解臺灣有哪些對女性或同志不夠友善的習俗，然後想想如何改變它們？

社會建構的範圍到哪裡：個體如何實踐自由？

在這一節，我會透過三個不同的理論面向來說明：在這些看似天羅地網的體制文化下，個體如何實踐性別上的自由？

行為主義的錯誤示範

我們先從第一個例子開始。只不過它是一個錯誤的反例：這是著名的醫療心理學及性學家莫尼 (John Money)，激進主張性別矯正手術的失敗案例。故事是這樣的：

> 1966 年，加拿大有一個男孩名叫布魯斯 (Bruce)，他在七個月大的時候，接受包皮切割手術，不料在手術過程中，

布魯斯的陰莖不慎被燒毀，無法再復原。他的父母擔心孩子未來的身心發展受到影響，於是帶他去拜訪當時最具權威的性學專家、約翰霍普金斯大學的心理學者曼尼。父母在曼尼的強烈建議下，幫布魯斯進行了性別重置手術：去除所有男性相關的生理結構，布魯斯從男孩改造成了一名女孩，並改名為布蘭達 (Brenda)，從此把他／她當作女孩來撫養。❼這個案例在當時被曼尼視為成功的例子，用來證明性別認同是可以經由後天重塑的。可是，布蘭達進入青春期之後，卻產生嚴重的性別認同障礙，他／她認為自己是男孩，不喜歡和女孩玩，卻又被男孩嘲笑。布蘭達的父母不忍心小孩這樣的痛苦，終於在他／她十四歲的時候，把真相告訴了布蘭達。於是布蘭達決定要變回男性，切除因注射雌激素變大的乳房，接受睪固酮注射，做了陰莖再造手術，改名叫大衛 (David)，後來還與名為簡 (Jane) 的女性結婚。但是，大衛的生活並沒有因為後來的再次改造而歸於平靜：由於多年精神狀態缺乏穩定，無法完成自己的學業，他的經濟狀況也一直都不理想，生活始終面臨著各種壓力和衝擊，最後鬱鬱寡歡，在他三十八歲時，在車內舉槍自盡，走上絕路。

這個悲傷的案例，可說是科學家自大傲慢的想法所造成的悲劇。美國 1960、1970 年代的性治療方法，盛行這種用外在行為矯正的行為主義 (behaviorism)，曼尼是當時最熱切的支持者。他認為性別認同是一種社會建構，因此對於外生殖器曖昧或不同於常人的嬰兒時，父母可以直接決定想要哪一個性別的孩子，及早接

受性別矯正手術，然後提供適當的衣物並引導孩子走向特定性別的道路，之後自然會得到理想的結果。❽但事實結果未能如理論所預測的那樣，幫助這些人免除汙名、快樂成長，反而因此造成許多身心的傷害與性別選擇錯誤的痛苦。

可見，認定自己是男性還是女性，無法藉由外在行為獲得矯正，類似這樣的想法正是忽略了人其實是在一個複雜的社會文化脈絡下的個體，每個個體不是抽離這些脈絡的實驗室白鼠，只透過外在單一的刺激－反應，改變自己的行為／想法。

延伸知識

布蘭達／大衛的這個悲劇故事，後來由一位記者柯拉平托 (John Colapinto) 寫成了《性別天生》(*As Nature Made Him: The Boy Who Was Raised as a Girl*) 這本書出版。在這本書裡，有兩個值得討論的地方。一是，作者柯拉平托認為曼尼的成功與他會操縱媒體有密切的關係，因而透過本書，也為讀者示範了一個性學和醫學學術權威團體，如何形成理論的霸權，影響我們對性別的看法（也就是我們前面所說的：社會文化如何建構性別）。

另一個值得討論的問題是，作者柯拉平托對於這個案例的看法似乎是認為，布蘭達因為天生就是男孩，所以才會對日後的女性身體感到不適應。這個推論或許還有待商榷。性別的「不可變異性」，能否直接推論「性別是天生的」？這個不可變異性也可能來自於我們前面所說的文化的意識形態（父權、異性戀文化）。圍繞在布蘭達身邊的醫生、親人好友，如何看待這個男變女的身體？布蘭達是否也和我們一樣，不斷的內化這些話語，造成對自我身體的貶抑？

作者柯拉平托的推論，所犯的錯誤在於：我們常常以為生物性是天生固定、無法改變的，而社會性則是受到後天文化的影響，有改變的可能。但我們試問，要改變一個人的身高容易呢，還是改變一個人的經濟情況容易呢？答案可能是兩個都不容易。

　　接下來，我們再來看下一個如何實踐性別自由的名著：《第二性》在說什麼。

存在主義的性別自由實踐

　　《第二性》(*Le Deuxième Sexe / The Second Sex*) 是法國女性主義者、存在主義哲學家西蒙波娃 (Simone de Beauvoir) 在 1949 年的名著。書中鉅細靡遺地從理論（生物學、精神分析、歷史唯物論）、歷史（從游牧時期一直到法國大革命的現代）、神話迷思和文學的各種角度，再就女性從出生到老的生命不同階段，分析她們的女性處境。這本書最耳熟能詳的名句就是：「女人不是天生的，而是後天變成的。」 (One is not born, but rather becomes, a woman.) 這句話的意思是說，女人從以前到現在的劣勢處境，並非天生而然，而是後天各種環境使然：家庭、學校教育、神話與宗教對女性的貶抑、文化制度、社會規範等等，才讓女性「變成」一個次等的性別。這個觀點和我們前面提到的「父權體制的社會建構」是一致的。而現在的重點是：《第二性》不只是一本描述女性處境的書，它也在尋求女性可以獲得自由解放的可能性。在這裡，西蒙波娃試圖運用一種存在主義式的 (existential) 哲學方案，也就是說，每個主體可以「透過對自我的種種構思，具體將自己

設立為向上提升的存在超越性，每個主體只有不斷超越，邁向其他更多的自由時，他的自由才得以完成；只有往無限開放的未來伸展，才能讓他當前的存在具有正當性」 ❾來為女性找到自由的出路。

西蒙波娃這個存在主義式的自由觀點，可能會遇到兩個問題。第一個問題是，這個論點常被批評是一種菁英主義。因為能夠好整以暇的「將自己設立為向上提升的存在超越性」，是需要若干知識和經濟條件做基礎的。畢竟「我是自由的」意味著「我可以做選擇」，而「我可以做選擇」的前提是「我知道我可以選擇」或「我知道我有哪些選項可以選擇」，而西蒙波娃被批評的原因在於，很多女性的低劣處境，連她可以做選擇、做哪些選擇的條件（例如，沒有錢上學受教育）都沒有，更遑論「往無限開放的未來伸展」？儘管如此，或許《第二性》作為所有女性尋求自由的解決方案力有未逮，但是時至今日它帶給全球女性的性別啟發，仍極具影響力。

第二個問題是，西蒙波娃這種存在主義式的自由主體觀點，並未深入涉及「性別意識形態－主體」之間的相互構成關係；事實上，主體也是被建構的對象，也就是說，「主體」只是一個權力位置。關於後面這點，則進入到後現代對「個體如何尋求性別上的自由」的思考，我們會把重點放在當代非常重要的一位性別學者芭勒 (Judith Butler) 的觀點討論上。

後現代的酷兒實踐

芭勒主張的是一種後現代的性別建構論。和前面我們所提到

的社會建構概念相比，後現代的性別建構論反對任何有關男性或
女性的自然設定，它認為這些設定都是生物的本質主義。也就是
說，芭勒主張，男女性別「具有真實的生物差異」是社會建構出
來的，性別身分其實是社會權力加諸在主體身上的；亦即，主體
的性別差異是身體不斷重複操演這些社會權力下的性別規則（例
如：小男孩從小就被提醒，他玩的玩具、使用的顏色、個性表現
有沒有過於陰柔或女性化；進入學校、部隊、工作機構和異性戀
關係中，也常常被要求陽剛、像個男人，如果無法做到，有時甚
至會遭到嚴厲處罰），所後天形構出來的「差異」。因此我們應該
把焦點放在微觀的權力如何作用在身體上，而不是關注在生理的
差異和認同上：性別不是自我的「表達」或一種存在方式或身體
的差異，而是一種權力的操演或制定。

延伸知識

在這裡，可不要誤會芭勒的意思。芭勒主張，男女性別是社會建構
出來的意思，並不是說我們身體的生理構造是社會建構出來的；而
是說，我們對男女分類的方式是一種人為的設計。例如，一個人長
了乳房，身體有 XX 染色體，血管裡有雌激素在流動，這些身體構
造是無法否定的，但是根據這些生理特徵就為這個人貼上「女性」
的標籤，則是社會文化建構的結果。

　　因此，芭勒也批評以生理女性作為號召的女性主義，她認為
當我們使用女性或女性主義這些詞彙的時候，雖然喚起身為女性
的性別意識和自我認同，但是卻也忽略了「具有真實的生物差異」
（男性、女性）的社會建構性，以及性別是如何透過權力在身體

的運作中，被產生出來。在這種情況下，芭勒的名著《性別麻煩》(*Gender Trouble*) 便刻意強調某些 「性別壞分子」 (gender outlaws)，像是：扮裝皇后／國王、跨性別、女性陽剛者等等，藉由性別的拼貼、諧擬 (parody) 和扮裝 (drag)，置換或模糊生理性別（男／女性）、性別氣質（陰柔／陽剛的）和性傾向（同性戀／異性戀）之間的交錯或流動（例如，生理性別是男性，性別氣質陰柔的異性戀，或是生理性別是女性，自我認同為男性的跨性別等等），芭勒認為我們可以藉由這些性別的流動和混合，產生某種具顛覆性的酷兒政治，聚焦在認同範疇的不穩定性，製造出政治效力，目的是顛覆異性戀常規。（最經典的例子就是臉書的性別設定可以多達五十六種，最後乾脆讓你自行發明設定。）

　　芭勒的酷兒策略有一個延伸的問題，那就是：她雖然主張跨性別／變性者符合性別壞分子的酷兒實踐，但對有些跨性別的變性者來說可不這麼想。因為她／他們某種程度上，是想要尋回酷兒所拒絕的性別身體「原鄉」❿，反而回頭認可了生物上的性別差異。可見芭勒的酷兒策略和一些跨性別的變性者之間，對於身體的看法似乎存在著某種張力。而這個張力正好進一步帶出芭勒理論背後所預設的困境。

　　這個困境也是芭勒的後現代酷兒策略最常被批評的地方：她雖然明確拒絕了以生物差異為基礎的生物決定論，但另一方面，她的權力建構理論卻也落入了另一種決定論，亦即社會建構的決定論。因為芭勒雖然精彩的揭露出權力加諸在性別和身體的塑造和規訓；但是和生物決定論相同的預設是，它們皆假定某種自然與文化的二元對立，差異只在於：是「自然決定了文化」（生物決定論）還是「文化規訓了自然」（後現代酷兒理論）。但無論如何，

芭勒的酷兒策略在性別研究領域，仍開啟了一條再也無法忽略文化權力操作的重要路線。因此芭勒之後（二十世紀 1990 年代後）的性別議題就是，我們在了解文化權力操作的前提下，要如何打破自然與文化之間的二元對立，再重新思考物質性概念，以及自然／文化之間的關係。

關於這個問題，早在 1985 年，哈洛威 (Donna Haraway) 著名的文章〈賽柏格宣言〉("A Cyborg Manifesto")，就揭開了後建構 (post-constructionism) 女性主義的思考路徑。哈洛威在這篇文章裡，試圖消除人／機器、人／動物、男／女之間的界線，提出自然／文化、人／非人、身體／心靈的混合體概念，並重新思考自然、身體、動物、機器等物質性並非鐵板一塊，而是與文化共構共生的能動力量。此外像是布雷多蒂 (Rosi Braidotti) 倡議「女性主義物質論」 (feminist materialism)、澳洲學者葛羅斯 (Elizabeth A. Grosz) 提出的「肉身女性主義」(corporeal feminism) 等人皆強調，如何回到身體物質的能動性以及自然與文化間互動生成的共構關係。

> **問題與思考**
> 日本著名的動漫畫《攻殼機動隊》(*Ghost in the Shell*) 裡的主角草薙素子，就是一個人機合體的賽博格。這樣的賽博格對傳統二元的性別身體，產生什麼樣的改變和衝擊？你還看過其他類似的電影嗎？反思一下電影裡所產生的性別和科技倫理議題。

性別往何處去？

　　晚近的性別研究,由於對身體和物質性概念展開重新的思考,使得性別的各種多元複雜樣貌得以呈現,其相關的人權也逐漸獲得應有的重視和保障。例如,陰陽人(intersex,或稱雙性人、間性人;指的是決定個體性別的外觀生殖器、性腺和染色體這三者的不一致性。通常醫生和父母會幫新生兒決定她/他的性別,就像前面提到的莫尼,但這個指定的性別,不見得會跟新生兒長大後的身體性徵變化以及她/他自己的性別認同相符),在過去一直被汙名化,且被認為是需要矯正治療的生理畸形。然而在當代多元典範與人權的視角下,陰陽人獲得重新定義的機會(應由陰陽人長大後自己決定她/他的性別,或是根本不需要在男女性別之間做決定)。透過陰陽人身體所呈現的多元生物性別樣態,生物性別也可能是非二元的、變異的、流動而非天生不變的。如果我們把生物性別只侷限在男女二元的單一範疇(不是男就是女),生物性別非二元的多樣現象便容易被我們忽略或視而不見。相應於此,聯合國已在 2015 年首度針對終止陰陽人人權受侵犯的情形發出正式呼籲,把性徵的差異視為自然變化而不是把陰陽人當作一種疾病。臺灣的監察院也在 2018 年提出全球少見的「雙性人人權調查」,讓臺灣社會可以從人權觀點看見、認識並正視陰陽人的存在、處境與權益。⓫

　　由此可知,當代對性別議題的思考方向,是探討性別的各種多元樣貌:從本質到異質、從固定到流動、從二元到非二元、從社會建構再到對生物性別的重新探討。因此,最後留給當代讀者

繼續思考的問題是：我們身體的兩個面向——生物性和文化性，這兩者之間究竟是以什麼方式相互影響，又相互建構，彼此交織著？

附註

① 〈保障多元性別權利荷蘭將移除身分證性別欄位〉。自由時報，2020年 7 月 15 日。http://www.taiwanwomencenter.org.tw/zh-tw/NewsMgt/News/Content/10/news491

② 〈臉書性別不受限第 59 個選項：自己填〉。中央社，2015 年 2 月 27日。https://www.cna.com.tw/news/firstnews/201502270026.aspx

③ Thomas Laqueur. (1992). *Making Sex: Body and Gender from the Greeks to Freud*. Cambridge: Harvard University Press.

④ 中文譯本請參考《科技渴望性別》的第六章。

⑤ Sokoloff, Natalie. J. (1980). *Between Money and Love: The Dialectics of Women's Home and Market Work*. New York: Praeger.

⑥ 游美惠 (2014)，《性別教育小辭庫》，台北市：巨流，頁 66–71。

⑦ 有關布魯斯（大衛利馬）的網路報導：維基百科大衛‧利馬條目（https://zh.wikipedia.org/wiki/ 大衛‧利馬）；〈重訪佛洛伊德〉，王浩威，科學人（https://sa.ylib.com/MagArticle.aspx?id=461）。

⑧ 〈跨性別者釋放靈魂的艱辛旅途——《變身妮可》〉，《變身妮可》文摘，時報出版。泛科學。（https://pansci.asia/archives/121152）

⑨ de Beauvoir, Simone. (1989). *The Second Sex*. Trans. & ed. by H. M. Parshley. New York: Vintage Books.

⑩ Prosser, Jay. (1998). *Second Skins: The Body Narratives of Transsexuality*. New York Columbia University Press.

⑪ 丘愛芝，《行政院多元性別權益保障種子訓練教材：認識陰陽人（雙

性人） 議題及其處境》，第四章。 參見行政院性別平等會網站：
https://gec.ey.gov.tw/Page/8B53584DC50F0FBA/54ea414c-a60e-
4916-8af3-24d276dae0d6

參考書目

引用資料

Thomas Laqueur. (1992). *Making Sex: Body and Gender from the Greeks to Freud.* Cambridge: Harvard University Press.

吳嘉苓、傅大為、雷祥麟編 (2004)，《科技渴望性別》。臺北：群學。

游美惠 (2014)，《性別教育小辭庫》。臺北：巨流。

延伸閱讀

西蒙波娃 (Simone de Beauvoir) (2013)，《第二性》。邱瑞鑾譯，臺北：貓頭鷹文化。

艾胥莉 (Ashley Mardell) (2020)，《性別是彩虹色的嗎？》。李斯毅譯，臺北：小麥田。

哈洛威 (Donna Haraway) (2010)，《猿猴、賽伯格和女人：重新發明自然》。張君玫譯，臺北：群學。

芭勒 (Judith Butler) (2008)，《性／別惑亂：女性主義與身分顛覆》(*Gender Trouble*)。林郁庭譯，臺北：桂冠。

蘇芊玲、蕭昭君編 (2005)，《大年初一回娘家：習俗文化與性別教育》。臺北：女書文化。

你的愛情不是你的愛情？

古秀鈴

　　愛有各種形式，像是父母之愛、友情之愛、對神之敬愛、宗教的大愛等，但礙於篇幅所限，在此我們探討的是兩人互相吸引、共同扶持分享的愛情，一般所謂的戀愛，或稱羅曼蒂克之愛（romantic love）。從歷史、詩詞文學、戲劇裡可窺見人類對愛情重要性的歌詠及描述，例如：愛可令人產生飛蛾撲火般的狂熱、愛可令人盲目、愛會令人目眩神迷卻又揪心。人們從年少輕狂到歷經滄桑人世，似乎從未停歇對愛情的想望及提問。可能是簡單的問題：「他愛我嗎？」、「我愛他嗎？」，也可以是抽象的疑惑：在愛裡，人們到底在追求什麼？我們清楚知道自己在追求什麼嗎？即便清楚知道，我們就能得到嗎？得不到時，我們又該如何自處？

　　本文試圖邀請讀者，從哲學的角度來檢視什麼是愛情。為什麼要從哲學的角度檢視呢？讀者或許覺得，難道自己不知道什麼是愛情嗎？愛情不就是應該專一、關心體貼、互相扶持嗎？或許是。不過，若有人進一步認為，愛還必須順從、無條件付出、愛就是對方要知道我在想什麼、愛就是應該隨叫隨到等等，大家也都同意嗎？或許不會，因為有人可能會認為，相愛的兩人並沒有「無條件付出」、「隨叫隨到」這樣的責任。然而確實有人堅持這樣的想法，甚至到了偏執的地步，像是所謂的恐怖情人。但為什麼沒有這樣的責任呢？又如果有人堅持有，是否有合理的理由來

支持呢？

　　愛情哲學的一部分工作，就是去探討「愛情是什麼？」，以此回應——並且是有系統、全盤思考下地回應——我們在愛情中的探求或疑問。請注意，愛情哲學並不試圖給予一套尋找伴侶的 SOP 或教戰守則。坊間的這類教戰守則，即使有效地幫助兩人變成伴侶，但關於愛的費解難題和困惑，仍可縈繞兩人心頭，例如：什麼是歸屬感？怎樣的付出奉獻是合理的？這些哲學反思有助我們更了解自我的欲望、預設、他人情緒、他人認同，釐清我們陷入的是什麼樣的漩渦。

問世間，情是何物？

　　哲學理論通常不是憑空出現，而是扣住世間各種令人好奇或費解的現象進行反思。愛情哲學的產生亦然，是以在進入愛情哲學理論之前，我們先端倪人們心中原始的愛情模樣，特別是欲求 (desires) 與判斷 (judgments)。愛情中充滿了欲求，但不見得都是合理的欲求；愛情中也充斥著判斷，但不見得可以有確定、正確的判斷。欲求、判斷又常影響我們的行為。我們必須對愛情的欲求、判斷、行為之關係稍做討論。

（愛情裡的欲求）

　　占據愛情最核心的部分就是欲求。在愛情中，主體欲求著對方的愛，欲求著親密感，欲求著歸屬感等等。這些欲求有時可能伴隨各種希望或期待，像是希望對方符合自己的想像、認為對方

（應）滿足自己提出的要求等等。

　　有時這類希望或期待落空，隨之而來的可能是種種（沒有邏輯的）負面推論，甚至毀滅性的想法，像是：

> 一定是我不夠好，所以他才這樣對我；
> 一定是他做了什麼對不起我的事，所以才會這樣對我；
> 他會這樣做，一定是不愛我了……

有時，在與愛情相關的欲求底層，埋藏的是一套更為廣泛的人際互動的價值觀，像是：

> 我對他／她這樣好，所以他／她也應該對我一樣好。

一旦將埋藏在愛情中的欲求、希望、期待、人際互動觀等清楚地呈現，讀者不難發現原來我們多少帶著沒有清楚意識到的預設，即使有時感覺某些預設有問題，卻不見得說得出所以然。像是：

> 期待對方有穩定的工作是合理的嗎？理由是什麼呢？
> 若進一步，期待對方和自己有一樣的經濟能力是合理的嗎？
> 期待對方能時常陪伴自己是合理的嗎？又，怎麼個陪伴法？
> 若進一步期待對方要為了家庭犧牲（辭職或捨棄個人夢想）是合理的嗎？

　　挖掘這些預設的理由並不見得是要反對這些預設，而是顯現出我們在愛情中經常順著沒有審視的預設（欲求、期待、希望……等等）而作為，有時會導致令人遺憾的行為。像是在社會新聞中的情殺案件，所謂的「恐怖情人」或許可反映出人們欠缺的情感反思，如事件主角埋藏的價值觀裡可能沒有「被拒絕」的選項、

不接受「挫折」的發生，嘴上說著尊重，但行為展現的卻是非如此不可。若只看到自己的欲求不被滿足，就難以覺察（甚至承認）埋藏底層的預設或價值觀。我們姑且從這些案件中抽繹出幾個行為表現：嫉妒、占有／控制、歸咎他人。局外人如我們或許可輕易撿拾這最末梢的行為加以批評，然而我們也或多或少直接或間接經歷過導致這些行為的思緒過程，只是幸運地沒有走上案例中毀滅性的行為（或者只是較輕微而可收拾得了）。

也許已經有讀者心中不免吶喊：只是想有人愛，錯了嗎？我這樣愛他／她，他／她卻這麼狠心對我？

究竟，我們對愛情的欲求出了什麼問題呢？

愛情裡的判斷

戲劇裡的愛情有著錯綜複雜的關係、欲望、期待以及預設，現實中的愛情似乎也不遑多讓，但是：

> 你怎麼知道這個就是對的人？
> 你怎麼確定你愛他、他愛你？
> 是什麼讓你決定跟這個人在一起？

這些問題大概會引發眾慍，因為要不是沒想過，要不就是想過但想不出理由，而無論哪種情況，這些問題似乎都像是教訓我們：怎麼在不清楚的情況下就在一起了？然而哲學家的問題重點不是在教訓、不是在求一個標準答案，而是體現哲學根本的精神：反思本質。這些問題其實都指向更根本的問題：你認為的愛情是什麼？

　　我們好像都知道，愛不是占有、愛不應該只有單方面付出、愛是彼此心意相投、愛是讓彼此更臻於完美，但面對不忠，似乎不見得會立刻斷然處置；面對暴力，不見得有能力逃脫；面對欺瞞，可能沒勇氣揭發或離開，這是為什麼呢？

　　　因為已經付出太多，收回很難？
　　　因為覺得對方值得原諒、自己可以改變他？
　　　因為只想在身邊，不奢求其他的？……

我們似乎可以聽到各種辯護的聲音：

　　　因為愛是不求回報阿！
　　　愛怎麼還分你我？
　　　就是他／她，沒辦法啊！
　　　愛怎麼說得出理由？

　　是的，但問題還是回到了更根本的「愛情是什麼」的問題上。也許我們都應該重新檢視自己對於愛情的認知，這些問題才能夠被好好處理。讓我們先放下想要有另一半的急切想法、讓我們先排除尋求一套 SOP 的欲望、讓我們先忘了愛情中的各種「應該」，用哲學的眼光探討這個問題：愛情究竟是什麼？

愛是一個無窮無盡的謎，因為沒有任何其他東西能夠解釋它 ——泰戈爾

　　哲學家們試圖分析愛情是什麼，通常是找出一個關鍵性質，找到愛情最核心的意義，以了解人在愛情中的種種困惑。冒著被

泰戈爾說中的險，讓我們還是鼓起勇氣走這一趟哲學思辨之旅。請讀者試著從三個問題意識來理解哲學家提出的理論：他們切入的面向為何？所提出的說明或理由有無概念上的問題？你是否認同？藉由這樣的反思對話，在這節結束時，也請讀者想想，如果是你，會採取什麼樣的理論？

愛情與自我：合一的兩人？

自我在愛情中一定會被壓抑或限縮嗎？有人為愛改變到像換了一個人，或根本沒有自我可言，這通常被認為不是真正的愛情，但有人無法為愛改變，堅持自我，也可能被認為不是真正的愛。

的確有哲學家主張愛情是不分你我的，認為愛就是兩人在精神與物質上融合為一個新的整體。他們認為愛情和其他種類的愛不同在於：想要與另一半成為一個整體❶。愛就是想要形成一個「我們」(we)，兩人的福祉、價值和關懷都融合在一起。

這個理論的精神可追溯至柏拉圖《饗宴篇》(*Symposium*) 中，古希臘喜劇作家阿里斯托芬 (Aristophanes) 所提到的一個神話，原本人類外表是個球狀，有四隻手、四隻腳和兩張臉，但仗著慧聰體健，企圖造反，宙斯為處罰其高傲自大，將其分成兩半，成為現在兩隻腳的樣態。只是變成兩半後的雙方都渴望再與另一半重新結合，於是畢生都在找尋可契合的那人，重回完滿。或許這是一個令人神往的說法，但哲學的反思迫使我們詢問：這個「我們」是什麼？兩人如何成為一個單一的「我們」？

合一論的回應是：在這個「我們」中，雙方進入了一個非常密切的關係，彼此皆感受強烈的連結，重視彼此的需求，有共同

的好惡及福祉，彼此坦誠信任，追求相同的目標，共同做決定，共享性生活。特別是，在愛的關係中，兩人重新定義了彼此的自我；換句話說，愛就是種專注而強烈的彼此重塑自我的過程，而因著允許對方扮演重塑過程中重要的一角，兩人逐漸共享福祉價值、分工合作，由兩人變成一個「我們」。

但是合一是否表示沒了自我？

合一的整體乍聽之下或許是浪漫的，然而隱隱的擔憂是：個體性和自主性似乎消失了？一旦各自的自我改變了、融合為一體，這是否意味著沒有自己的想法、個性，只關心這個「一體」的福祉？兩人的關係若只剩一個個體，無論是哪種或哪一個個體，皆是抹煞了每個人的個體性。當然，強調個體性並非主張自我完全不需改變，而是懷疑：一個沒有自我的兩人關係是健康的嗎？

合一理論的學者當然不會認為沒有自我的兩人關係是健康的，但焦點應放在：「合一」是否表示沒有個體性和自主性？我們已在前述合一理論的介紹中提到自我重塑的過程，對支持合一理論的學者而言，自我的重塑是與另一半相互依賴、互惠、尊重下的自然結果，雙方仍保有自我，只是已經是在愛的關係裡重塑過的了，甚至在某些情況下，自我根本是在這樣的關係中茁壯而非重塑。❷

但是，犧牲不再是美德？

依據合一理論，似乎沒有所謂的「為愛犧牲」可言了，畢竟犧牲意味的是某方的福祉為了對方而有所損耗，但在所謂互惠的一體中，不會僅有單一方的福祉耗損，而是一起有所折損；也不會

有所謂「為對方著想」，因為只有為這一個整體著想，沒有單一的
對方。這是否表示著愛情的本質裡不會有「犧牲」這美德？

　　合一理論可能會這樣回應：這關乎你如何詮釋一個行為叫做
犧牲。在合一的關係裡，雙方彼此重視關心，共同做決定，有些
行為表面上可能看似是犧牲，但如果雙方皆認同可為這個整體帶
來最大的好處，可能根本不會覺得是犧牲。例如雙薪家庭在有子
嗣後，考慮到請保姆的花費過多不如自己帶小孩，又考量 A 方薪
資較高，因此即便 B 方剛升主管被委以重任，還是決定由 B 全職
家管。外人或許詮釋為 B 方犧牲，但若 B 根本不認為有任何損失
反而相當認同這樣的安排呢？或者說，即便是犧牲也是好的犧牲
呢？

　　犧牲仍可以是種美德，但對一個福祉融合在一起的整體來說，
他們可能不會意識到這是犧牲。

　　但是，只有愛情才可能具有此合一關係？

　　另一個問題是，似乎不只有愛情可形成這樣的合一整體，例
如亞里斯多德所推崇的友情是建基於美德之上，而非來自樂趣或
利益，這樣的友情彼此欣賞、彼此關心，是幸福人生所必須，可
以說也涉及了雙方建立的連結及共享的福祉。但如此「合一」還
會是專屬於愛情的本質嗎？還是根本只是眾多合一關係中的一種？
例如母親與胎兒共生共存的關係，也許比愛情還更有資格成為合
一的整體！

　　讓我們一起試著回應這個挑戰，切入點可從詮釋方面著手：
是否可將亞里斯多德的友情理論詮釋成具有合一的性質？或許也
可以從尚需釐清的概念著手：友情和愛情即便在建立合一的關係

上有些雷同，但完全沒有差別嗎？關於友情與愛情的差別就值得我們另闢新徑好好探究！而母親與胎兒的共生共存關係，也與愛情的合一不同，畢竟愛情的合一有雙方溝通、協調、磨合、付出的過程，是有認知能力的兩人共同思考並經營，但母親與胎兒的關係並不具這樣的特質。

但或許讀者更迫切想知道的是該如何拿捏所謂的互相及犧牲？怎樣的為這個「我們」著想而不會過度到沒有判斷？怎樣的犧牲不會盲目到只是演獨角戲？這樣的合一的本質似乎還需要更深一層的自我探討與行為分析，才能兼顧自主與合一。無論如何，如果合一理論對於愛情本質的描述無法消除心中的疑惑，讓我們暫且往下看另一種說法。

愛情與奉獻：無私的關懷對方？

在愛情裡，多數人似乎認定雙方應該彼此給予關懷與付出，然而在面對實際情況時，只有單方面付出或單方面接受等案例不少，若是雙方皆享受這種單方面的付出與接受，我們有資格批評這不是愛情嗎？最重要的是，為什麼無私的關懷會是愛情的本質？讓我們從「我們」的視角轉換到只有「你」的視角，想想：這是什麼樣的無私關懷？

哲學家法蘭克福 (Harry Frankfurt) 在其著名的 *The Reasons of Love* 一書中提出四點關於愛的性質：愛是對所愛之人的福祉給予無私的關懷、愛有獨一無二性、愛是將自己的福祉等同於所愛之人的福祉、愛不是邏輯選擇下的結果。接下來讓我們一一分析。

「關懷」(concern) 是此理論的核心，它指的不是一般生活中

那種照顧、幫忙等動作，或關心等心理狀態，而是一個人在其二階意志中所建構的行為指導原則及選擇的價值依據。什麼意思呢？相較於二階意志，我們會有「想找某個工作」、「想安排一趟旅行」、「想避開麻煩」、「想接下這邀約」等等一階欲望，而這些一階欲望是否要被滿足，就是由二階意志決定：我們會去反思哪些一階欲望要被實現，要對哪些欲望保持無感，而依據的就是所關懷的、所重視的原則價值──即二階意志。❸法蘭克福提醒我們，我們以為我們做很多事是不得已的，以為是一堆規範要求讓我們不得不如此，但給予規範力量的其實是你的關懷，因此像是面對「常說請、謝謝、對不起」的要求，除非你的關懷裡給予正面評價，否則這規範不會對你有行為上的效力。關懷，是促成欲望達成的動力，有所關懷才有所謂的意義、重要性可言。

法蘭克福主張愛也是一種關懷，屬於二階意志，體現的是你的價值認同、你所在乎的面向。這種由個體經驗和個性特質所形塑出的關懷，導引著一個人發現所愛的對象──有所關懷才有對事物重要性的覺察，有所覺察才有愛的共鳴。這樣看來，被愛者身上一定有愛人者所珍視的價值──愛賦予了對方價值。我們可以設想一個以助人為終極關懷的人，二階意志自然會去推動與助人相契合的欲望，所以當一階欲望出現「想去當義工」和「想去遊樂園」，二階意志會選擇讓前者實現──賦予前者價值。用柏拉圖〈費德羅篇〉的精神來說就是：愛什麼因，得什麼果。

因著愛是種二階意志的關懷，愛一個人是沒有理由的，亦非可控制的。法蘭克福認為，由個人的意志、價值、環境、經驗等形塑出的二階層次的關懷，導引著一個人發現所愛的對象，可見愛不是推論選擇的結果，換句話說，不是那種說不愛就不愛的可

控制結果。同時，也無法要求在一階層次上去說明愛的理由，若要在一階層次上有所改變，就必須回到二階層次去反思價值結構中的內容。一個人關懷什麼、在乎什麼、擁有什麼價值信念，會影響人做出選擇或有所反應行動。愛某個人顯示的就是對這個人的期待、認知、欲求，只是一般人以為愛只是種一階欲望的表現，以為是因著對方的特質而有的反應，卻忽略了二階意志對此一階欲望的本質性影響。延伸這想法去看你所愛的對象的價值，就會發現其實是因為你二階層次的關懷讓對方有了所謂的價值——愛是對方之所以珍貴的基礎，而不是對於對方價值的回應。

　　關懷的內容與方向決定了選擇與行為，就更高層次來說，就是將人生的幸福建立在這些關懷上。因著這層密切關係，愛人者自然將所愛者的福祉視為自己的。對法蘭克福而言，這是概念上的必然！愛，純粹是站在另一半的立場為其著想（而非創造互惠的「我們」），無私地關懷其福祉。一個人為了要獲得什麼而去愛人就不是真正的愛，愛是把對象當作目的本身而非工具。

　　讓我們稍稍整理一下愛是無私關懷的說法：

- 愛是無私的，純粹對他者著想而非出於其他目的或益處（因為是基於所認同的價值而有所關懷的一種純粹展現）
- 愛是無所取代、獨一無二的（因為是從自己全然的關懷出發，而非基於對方性質，因此是沒有人可取代的）
- 愛是禍福相隨的，愛人者分享被愛者所有的苦與樂，如同自己的苦與樂（因為對方的福祉就是自己的，像是自己投資愛在對方身上，愛情成功則獲利，失敗則痛苦）

但是，愛不是可控制下的選擇？

法蘭克福認為愛是針對一個人本身，而非某個（些）特質，如此愛才會是無可取代的，亦即是，這個人與自己建構的二階意志有共鳴。所以若問為何愛此人，回答的內容卻是一堆特質描述時，這種回答就不具獨一無二性，這種問題大概只回應「就是因為他就是他」。愛不是我們能說不愛就不愛的，若可以，那我們就無法解釋為何無法任意地停止關懷某人。更精確地說，愛在一階層次上是不能控制的，一階欲望受二階意志所限制，是我們的意志造就了這樣選擇上的受限。要能做出改變，就要改變二階意志中所關懷的價值，當重視的重量、結構、認同，變得不同了，愛情的共鳴就跟著改變了。

但問題是，這種無以言述、無法控制的愛，和純粹的衝動有什麼區別呢？我們又要如何說明某些情況下的愛是不對的，如愛上家暴狂？哲學家克魯尼（Niko Kolodny）在其 "Love as Valuing a Relationship" 一文中指出法蘭克福並未成功說明愛情的獨一無二性：為什麼就是這個人而不是其他人？法蘭克福訴諸的是一個人的二階意志架構來說明何以愛是沒有理由的，但若沒有點出是哪種欲望或意志構成了愛，那麼只會讓愛可基於各種可能的欲望，像是自利、責任或根本只是衝動，但這應該不會是主張愛的本質是無私關懷的法蘭克福或其他人所認同的。

但是，愛可以這麼無私？

無私的關懷是純粹以對方為主，為其福祉著想，但這是無私到完全不求回饋嗎?或許我們可以同意愛情裡有彼此的關心付出，但無法同意完全不求回饋的無私關懷，因為一方面回饋可以是種

互相展現愛的方式，二方面完全不要求回饋到被對方忽視甚至將付出視作理所當然，會不會反而更像是虛幻的情感假象？

讀者可以發現，談論愛的本質原來會涉及愛的理由——為什麼是這個人（所謂的獨特性）？關懷論不認為有理由可言（或許二階意志只能算是原因），合一論則沒有回應此問題，批評此二理論的某些理論便從愛情是否有理由可言切入，帶領我們用不同的角度思考愛情本質，讓我們看看接下來的兩個理論如何談論愛情的理由。

愛情與價值：評價還是賜予？

相較於前面的討論，有哲學家認為愛與關懷是可分開的，菲力曼 (J. David Velleman) 在 "Love as Moral Emotion" 一文中指出若愛無法與「想對人好」的衝動分開，這樣的愛是不健康的；若太想去討好或想被稱讚而做得很好，這樣的愛也是不健康的。那麼愛的本質是什麼呢？愛其實是肯定對方的美好，是種重視、珍惜、關心、在乎對方的行為。然而這種肯定可能出自不同的方法：愛是種價值的評斷，或愛是價值的賜予？

價值評斷指的是對於個體的評價 (appraisal)，針對的是對方的自我、尊嚴、其最純粹的性質，你理解到其價值而珍惜重視，不是為了其他目的，也因此，對於此人的愛是無法被取代的。這種評價說很容易就可以說明愛情的理由在於對方的特質，但為人詬病的是，不見得對方所有的特質都是值得愛的。

價值賜予 (bestowal) 則不是根據對方有什麼性質，也不是將愛視為理解到對方的價值，而是自己賦予了對方價值。這樣的賦

予是基於自己本身的特質及對此關係的認定，而賦予對方在情感上的重要性，不論其是否具有滿足彼此福祉的能力。即使有些情況這種價值賦予在旁人眼中顯得頗不明智，但因為本來就不是基於對方性質而賦予價值，旁人眼中的不明智似乎是停留在表面上的評價錯誤，而忽略了是「進行賦予價值」這行為讓價值得以可能。在《小王子》裡，狐狸說了這樣一句話：「如果你馴養了我，我們就會彼此需要。對我來說，你就是我世界裡獨一無二的了。」不是因為對方是獨一無二的，才獲得你的愛，而是因為你的愛，所以對方是獨一無二的。一開始個體性質的評價或許是讓我們進入一段關係的原因，但陷入愛情後，對方實際的性質變得不是這麼要緊，個人的價值賦予才具有重要性，這種價值的賦予便區分了純粹的喜歡和愛的不同。也因此，去談愛的理由或合理與否是沒有意義的。這說法雖和合一理論雷同，但賦予價值並不等同「合一」，因為賦予不必然有想要與對方形成「我們」的欲望。

究竟愛是基於對方本身的特質？還是，愛源自愛人者本身的特質或本質，使的自己愛上了符合自己想像的對方？或特別會因某特質而被吸引——所謂的價值賜予？吸口氣，讓我們再來好好思索。

首先，賜予說為何強調愛是出自本身的特質？讓我們類比父母的愛，父母對孩子的愛不是基於孩子有什麼特質，而完全是出自父母本身。孩子所被賦予的價值不是孩子生來具有的，而是倚賴父母的愛；即便孩子不具有什麼價值，或是不知道有什麼價值，父母還是愛他們的孩子。所以，愛源自於愛人者本身。以動畫《史瑞克》的例子來說，直觀上每個人看到的可能都是令人害怕的外觀，但只有費歐娜能看到史瑞克不同的地方。如果愛是基於對方

的特質，這特質應該是有目共睹的，但事實上卻只有費歐娜霎時感到心動。這或許給了「一見鍾情」一個立基點：是我們自己賜予了對方獨一無二的價值。

但讓我們再想想，愛真的是源自自身的特質而沒有任何來自對方身上的客觀因素嗎？我們可能無法接受殘暴、不信實、無聊等等這些特質是為人喜愛的，而多半我們也認為相互的吸引、穩定的人格、令人愉快的氣質等等，是會吸引人的特質。因此全然地說愛來自自身而無任何對方的特質，恐怕也難以被接受。

再者，愛真的沒有理由可言嗎？沒有理由可言，可能會讓愛變得獨斷任意，設想如果羅密歐愛上的不是茱麗葉而是任意一個年輕美麗的少婦，我們似乎就無須感到驚訝，因為愛是沒有理由的！但相信所有的讀者很難接受這種結果，關鍵點不是羅密歐愛上了別人，而是這樣的愛就不會是這個經典故事的經典之處。在一見鍾情的例子裡，看似所有的情境、條件、設定都「剛好」落在一起，但這之中會沒有來自任何對方特質的吸引嗎？或許不像我們想像的這麼浪漫。

另一個問題是，沒有理由意味的是沒有動機，設想若茱麗葉問羅密歐為何愛她，而羅密歐只是聳肩說不知道或說沒有理由，那茱麗葉會怎麼想？沒有理由的愛和沒有理由的恨一樣令人匪夷所思。

或許賜予說會這樣回應，所謂愛的理由本身是一個更難以說明的概念，因為理由是在說明合理與否，而我們很難將愛視作為合理與否的事，即便有人可能會想列出各種值得愛的特質來當作理由，但這時問題就會變成為何某些特質是值得愛的，而某些不是？這似乎不是個好的策略，更何況，值不值得愛會是客觀的嗎？

　　但反對者可能會指出：既然接受愛無須理由，那就應該會認同「愛情是盲目的」。但到底愛情真的是盲目、說不出理由的？還是因為自己的盲目，所以失去了判斷，而說不出理由？這種失去判斷的愛情是愛情嗎？

　　在以上的討論中，我們觸及了幾個圍繞在愛情本質的問題：愛情裡有自我嗎？愛情的付出奉獻是什麼？愛情有理由可言嗎？如果有，那又是什麼？接下來讓我們喘口氣，看看其他哲學家如何側寫愛情。

哲人呢喃：唯有你也想見我的時候，我們見面才有意義
——西蒙波娃

　　我們從一開始對愛情的欲求、判斷出發，去探討愛情的本質，也在檢視許多概念後產生新的問題，或許這樣切割愛情的種種面向讓你無法忍受，或許愛情不該是脫離生命故事脈絡下的解析，那麼讓我們換個詮釋的方法，看看不同的生命脈絡下，哲人眼中的愛情可引起什麼生命上的共鳴？同樣基於篇幅所限，我們先來看看西蒙波娃 (Simone de Beauvoir) 帶給我們什麼樣的哲思洗禮，歡迎讀者另外閱讀專書或相關介紹。

　　標題這句話出自西蒙波娃 《越洋情書》 (Lettres à Nelson Algren) 中的一段：「我渴望能見你一面，但請你記得，我不會開口要求要見你。這不是因為驕傲，你知道我在你面前毫無驕傲可言，而是因為，唯有你也想見我的時候，我們見面才有意義。」這句話凸顯西蒙波娃對愛情的反思中的幾個要素：雙方的平等、自由、自主。

　　西蒙波娃於《第二性》(*Le Deuxième Sexe / The Second Sex*) 中闡釋為何女人不是生而為女人，而是變為女人，變為一個社會範疇下的產物，成為為他人而活的存在。她提醒愛情的意識型態強化了性別角色，對男性而言，愛只是眾多計畫之一，對女性則是一切。男性的養成是以獨立、強壯、勇氣的個體為取向，女性則是安靜、軟弱、順從、依賴。女性不被期待像男性一樣有自我覺知，在成長過程中被灌輸的是男性較為優越，只能讚嘆其優越，不可能擁有這樣的地位，她只能祈求和一個強壯令人景仰的男性結合，而這才是她要有的自覺。要擁有地位、認知、尊重，就必須依附男性。愛情和婚姻看似允諾他們可能的改變，但新婚女性很快就會發現並非如此，也許因而轉向另一個愛人，希冀更大的愛和真正的拯救者。在這樣高度性別化的社會，要克服性別角色極端困難，但要墮入性別角色則簡單多了。

　　西蒙波娃提醒在這樣性別框架下的愛不是真正的愛，真正的愛奠基於雙方皆認知到彼此是兩個平等、自由、自主的個體，而性別的不平等讓真正的愛無法可能。

> Genuine love ought to be founded on the mutual recognition of two liberties; the lovers would then experience themselves as self and as other: neither would give up transcendence, neither would be mutilated; together they would manifest values and aims in the world. For the one and the other, love would be a revelation of self by the gift of self and enrichment of the world.

真正的愛，應建立在雙方皆認知到彼此為自由的主體，如此兩個人才能體驗到自己既是自己，又是對方：既未放棄自己的超越性，也未使彼此不完整。兩人將共同展現在這世界中的價值與目標。對彼此而言，藉由自我這份禮物及宇宙的豐富，愛啟示了自我。

波娃指出我們對愛情的想像或嚮往埋藏許多所謂的「壞信念」(*mauvaise foi*)，尤其女性比男性更深受其害。我們可藉此反思有多少對於愛情的界定其實是有問題的，西蒙波娃以當時的時代背景舉出的幾個壞信念是：

- 以為愛能讓自己更完滿：這是想從對方身上找到生活的意義或方向，以此規避成為自己生命的主人，規避成為自己的責任。

- 以為愛就是全部：愛可能讓人暈眩，使我們有失去自我的危機，如果我們允許自己成為濃烈情感下的奴隸，終將在虛無中墮落。愛不是全部，不要假裝自己在愛情中已無法選擇。

- 以為愛就是命運：愛讓人感覺找到了靈魂伴侶，實則沒有完美契合的另一半。有時我們非常想與另一人成為和諧的一體，以至於我們訴諸順從或占有，以為這樣能夠迫使對方成為自己想要的樣子，但試圖去掌控或擺佈他人，就像是綁架了他們的自由，說好聽是不尊重，說難聽其實是壓迫。

　　讓我們小小反思一下，也許理智上我們會同意愛情須以平等自主為基礎，但若檢視自己種種對愛情的欲求或價值觀（例如希望對方符合心中的樣子），是否基於珍視此人的價值？是否基於兩人的認同？是否追求雙方的共同利益？會不會突然發現也許很多欲求已非愛情的本質，而根本是壞信念？而面對愛情裡的不確定，主張愛情有理由的哲學理論提醒我們，愛的理由來自於自我的價值信念體系，來自與對方的關係，沒有其他人能解決愛情裡的不確定，只有了解自身特質，了解這關係之重要性的自己才能確定。而這似乎又回到了法蘭克福大聲疾呼的：唯有知道所關懷的，行動才有意義！有所關懷才有所謂的意義、重要性可言。❹在「我」還不夠茁壯時，即便愛現身眼前，我們能看得到嗎？

眾裡尋他千百度，驀然回首，那人卻在燈火闌珊處
——辛棄疾

　　我們談了這麼多的面向，燒腦地經歷這場哲學洗禮後，會不會答案其實就在自己身上？紀伯倫在其《先知》一書中關於愛的闡釋，為我們繪出另一個視角——不再需要談對愛情的欲求，不再從自己的視角看對方，不再聚焦雙方彼此的感受，不再是詢問各種的應然，而是一種形而上的視角：愛是自足於愛的。

　　愛　（摘自紀伯倫《先知》）

　　當愛召喚你時，跟隨他，
　　雖然他的路途艱難險阻。

當他的雙翅環抱你時，依從他，
儘管藏在他羽翼的利刃可能會傷害你。
當他對你說話時，相信他，
即使他的聲音可能粉碎你的夢想，如同北風使花園成為荒地。

因為愛雖為你加冕，他卻也能將你釘於十字架上。
他雖讓你生長，卻也會修剪你的枝葉。
他升至你的高處，憐愛著你在陽光下抖顫的細枝，
他也降至你的根部，撼動著你緊抓大地的樹根。

他收集你，像一捆捆的穀穗。
他舂打你使你赤裸，他篩分你使你脫殼。
他碾磨你使你潔白，他搓揉你使你柔軟。
他以聖火煉你，使你成為聖餐裡的聖餅。

愛對你做這一切，讓你能明瞭你內心的祕密，進而使你成為造物者內心的一部分。

倘若你因恐懼，只願尋求愛的平和與愛的歡愉，
那麼你最好遮掩自己的赤裸，逃離愛的穀場，
在無四季之分的世界裡，你將歡笑，卻非全心開懷；你將流淚，但非盡情哭泣。

除了自己，愛什麼也不給；
除了自己，愛什麼也不帶走。
愛不占有，也不被占有；

因為　愛　是自足於愛的。

當你去愛時，不要說「神在我心中」，而要說「我在神的心
中」。
不要以為你能主導愛的路徑，因為愛若認為你值得，就會
導引你的路。

愛只願實現自己，別無所求。
但若你愛，就必有欲望，就讓這些成為你的欲望吧：
願融化成奔流的溪水，向黑夜吟唱；
體會那過多的柔情帶來的痛苦；
因自己對愛的領悟而受傷；
並心甘情願地流血。

願在黎明時懷著飛揚的心醒來，感謝又有這一天去愛；
在午時休憩，沉思愛的狂喜；
在暮歸時，心懷感謝；
在入眠之時，心中為所愛之人祈禱，讓讚美之詩停留唇間。

去愛，是紀伯倫在詩前半段的鼓勵，但不是為了索求、不是為了
所欲，而是成長與修剪：篩去你無妄的恐懼、卸下你沉重的思緒
架構，琢磨你的智慧卻也教你柔軟的接納與寬恕。我們想去定義
愛情，是因為我們既想滿足被愛的欲望，又不想有任何傷害或失
望，以為有了愛情的葵花寶典就可以練就安全的愛情，但載滿了
欲求與害怕的尋求過程，從來就沒有走在愛的路徑上。一旦願意
去愛，在愛的淬鍊中昇華你以為的痛苦，釋放你以為的困頓，寬

恕你以為的欺騙，接納你以為的害怕，而尋得內在心靈的本質，重拾你既有的精髓——那作為生命的一部分。這是愛對你做的一切。

　　愛淬鍊出什麼精髓？什麼樣的精髓讓「愛是自足於愛」的？答案是：你就是愛！這是詩後半段的新視角，已不再需要鼓勵去愛，因為愛就是你的本質。你展現愛，也吸引愛，可能仍有傷和苦，卻不再經歷成傷痛和苦難！你所領略的將是完滿的自足、豐盛的付出、心無罣礙的讚美與感謝！像是一種既有的能量在淬鍊後被激發，愛不再是由外在行為來定義，不再需要任何價值去衡量，所有的價值詮釋、賦予、選項，皆出於愛而非為了愛，因你就是愛！在愛裡的歸屬感、安全感、自我認同、溫暖的能量甚至培力感，在進入或成為愛時便已具足，沒有誰是因誰是果的問題，也沒有孰先孰後的問題，純粹只因為你本就是愛。這也是為什麼愛只能給予自己，不要求其他，不占有也不被占有，愛是自足於愛的 (Love gives naught but itself and takes naught but from itself. Love possesses not nor would it be possessed, for love is sufficient unto love)。

　　僅以這篇詩作為本章的結尾，或許這樣的形上學基礎可為愛的本質，導引出完全不同的哲學討論。歡迎讀者接續下去！

附註

❶ Nozick (1989); Solomon, (1981/1988); cf. Rorty (1986/1993); Nussbaum (1990).

❷ 想請讀者們小心服用哲學家的分析，這些理論不是**要求**每個在愛情關係中的人**應該**建立合一的關係，不是說沒有認同彼此就是錯的，

沒有追求相同目標就是錯的，而是要將愛情的本質描摹出其核心意義；如果你同意的話，當然可以藉以審視自己的愛情觀及關係，但在沒有反思的情況下，切勿將任何哲學理念當作教條般的遵循。甚至或許已有讀者想問：要如何判斷就是這人可與其建立合一的關係？我們回答仍是：哲學不會給予 SOP，不會給予教戰守則，如果你同意合一理論，請將實踐與應用留給自己的生命去探索。

❸ 例如：一個畢業生考慮要考公職還是考研究所，他覺得公職穩定能減輕家裡的經濟負擔但也擔心沒有發展性，也對學術研究有興趣想繼續念書拿碩士學歷，又擔心家裡經濟需要他的協助，看似相當猶豫掙扎，但若他的二階意志是「想要有這『賺錢』的欲望」，那麼即便他嘴上說其實很想念書,此二階意志顯示的是他真正關心欲求的。如何追根究柢找出個人二階意志中的原則價值？通常是在選項間的利益有所衝突時，最能凸顯。

❹ 當然，我們可以猜想應該會另一個疑惑是：那要如何知道自己關懷什麼？

參考書目

引用資料

Frankfurt, Harry. (2004). *The Reasons of Love*. Princeton: Princeton University Press.

Kolodny, Niko. (2003). Love as Valuing a Relationship. *The Philosophical Review*, 112(2), 135–189.

Nozick, Robert. (1989). Love's Bond. In *The Examined Life: Philosophical Meditations* (pp. 68–86). New York: Simon and Schuster.

Nussbaum, Martha. (1990). *Love's Knowledge*. Oxford: Oxford University

Press.

Rorty, A. O. (1986/1993). The Historicity of Psychological Attitudes: Love is Not Love which Alters Not when it Alteration Finds. In Neera Badhwar, *Friendship: A Philosophical Reader* (pp.73–88). Ithaca, NY: Cornell University Press.

de Beauvoir, Simone. (1949). *Le Deuxième sexe*. Paris: Gallimard.

——. (1953). *The Second Sex*. H. M. Pashley (Trans.). New York: Knopf.

——. (2010). *The Second Sex*. Constance Borde and Sheila Malovany-Chevallier (Trans.). New York: Alfred A. Knopf.

Solomon, Robert C. (1981). *Love: Emotion, Myth, and Metaphor*. New York: Anchor Press.

——. (1988). *About Love: Reinventing Romance for Our Times*. New York: Simon and Schuster.

Velleman, J. David. (1999). Love as a Moral Emotion. *Ethics,* 109 (2), 338–374.

延伸閱讀

Brogaard, Berit. (2015). *On Romantic Love: Simple Truths about a Complex Emotion*. New York: Oxford University Press.

Badhwar, Neera. K. (Ed.). (1993). *Friendship: A Philosophical Reader*. Ithaca, NY: Cornell University Press.

理察‧大衛‧普列希特 (Richard David Precht) (2021)，《愛情的哲學》。闕旭玲譯，臺北：商周出版。

Practice IV

理性

似乎每個人都想要有足夠的智慧來解決生活中各種難題，但是什麼是智慧呢？人類真的能夠「擁有智慧」嗎？智慧與幸福的人生有什麼關係？

科技發展也讓「智慧」一詞不再專屬於人類。在電腦有了「人工智慧」後，究竟「人工智慧」會為人類帶來更美好、方便的未來，還是帶來人類文明的終結?我們又要如何思考人工智慧與社會之間的關係呢？

魔鏡，魔鏡，誰是世界上最有智慧的人？

蔡政宏

對話錄《申辯篇》(*The Apology*) 記載著蘇格拉底 (Socrates) 在雅典法庭上為他自己被控以「不敬虔和腐化青年」的罪名所作的自我辯護，其中蘇格拉底提到：

> 我想各位都認識凱勒豐 (Chaerephon) 這個人。他是我從小到大的朋友，也是你們的朋友……各位也知道凱勒豐的個性怎麼樣，無論做什麼事，總是相當衝動。有一回他跑到德歐斐，大膽祈求神諭問了這問題——各位，請不要對我接下來說的話騷動——是否有任何人的智慧比蘇格拉底高？女祭司比提亞 (the Pythia) 回答說，沒有。(《申辯篇》，21a)

當蘇格拉底知道神諭說他是世界上最有智慧的人時，他沒有沾沾自喜，反倒是充滿困惑與不安。如果蘇格拉底有格林童話裡的魔鏡，他應該會問：「魔鏡，魔鏡，為什麼我是世界上最有智慧的人？」當然蘇格拉底沒有魔鏡，他是透過與當時號稱智者的政治人物、詩人、工匠對談，藉此對比自己與他們的不同，進而探究出神諭的意思是什麼。不管蘇格拉底的探究結果為何，我們看到人們自古就相當在意和推崇智慧。

　　不過一個有趣的現象是，智慧似乎是個大家都認為重要，但又講不清楚或很難講清楚的東西。常聽到有人說，學校老師不要只教學生知識，也應該「教智慧」。出了校門，在工作、政治、宗教等場合等等，也常聽到有人強調做人做事「要有智慧」。不過，很少看到這些強調智慧重要的人去「論證」智慧為何重要，或是去「論述」智慧究竟為何。

　　或許標榜「愛智」的哲學系會特別「研究」智慧。不過若從課程來看，不管在臺灣還是英美等英語系國家，就筆者所知幾乎沒有哲學系開設「智慧」的單獨課程。的確，哲學系的西洋哲學史、倫理學等課程中會提到智慧，也會提供些說法，但大都是附帶說明，不是主要課題，也沒有系統討論。我並不是說哲學界中沒有人研究智慧，只是人數相對很少。同樣地，心理學界中也有人研究智慧，但相較於心理學的其他課題，研究人口也較少。有心理學家指出之所以如此❶，在於心理學家傾向去研究可以精確測量的東西，但可惜智慧不是這樣的東西。不過這位學者講了一個各位或許也聽過的故事：有個人掉了鑰匙，他在路燈下找了半天還是沒找著，警察走來過問這人，「你確定鑰匙是掉在這邊嗎？」這人回答：「喔，不是掉在這邊，但是這裡的燈光比較亮！」。智慧或許是個無法精確測量的（不在路燈下的）東西，但卻可能是解決重要和困難問題的「關鍵」。

　　我相信智慧是重要的（見後文「智慧為何重要？──智慧與幸福」一節），而且也可以試著把它講清楚──就算智慧很難講清楚，也要試著把它「為何難講清楚」這點講清楚（見後文「智慧如何可能？──智慧與直覺」一節）。我在這章要對智慧（如果從亞里斯多德的角度來看，我談的智慧是屬實踐智慧）進行四個思

辨：智慧為何重要？智慧究竟為何？智慧為何稀有？智慧如何可能？這些思辨不是心靈雞湯或是勵志小品，而是需要讀者花費些心力思考的內容。讀者可以不贊同我的回答❷，但要留意其中的推理；可以的話，也想想你自己對這四個問題的回答。

智慧為何重要？──智慧與幸福

雖說人們推崇智慧，但在現實生活中，較少看到人們在行動上認真追求智慧，至少相對於金錢、物質、名聲、權力、健康、享樂，人們明顯花費較多心力在追求後者。（我們也可以將「人們」的範疇縮小，想想「學生」最認真追求的是什麼呢？是學問、成績、或是名校？「老師」最認真追求的是什麼呢？是作育英才、安穩工作，或是退休金？「你」自己最認真追求的又是什麼呢？）產生這現象的原因可能很多，其中一個是：人們只是口頭上強調智慧，其實內心裡並不認可智慧，或不認為智慧真有作用或影響。沒有錢，帶來影響可能是三餐沒著落、房租繳不出來。沒有健康，帶來影響可能是身體疼痛、日漸消瘦，甚至死亡。但沒有智慧，日子似乎照過，看不出它有何作用或影響。

這個「智慧無用論」看似有理。但請注意，「看不出」它的作用和影響，不代表它「真的」沒有作用或影響，而是我們需要一些「想像」來看出它的作用。

回到前面提到的，人們追求很多東西，像是錢和健康。想像你也很喜歡這兩樣東西。但再想像，（很不幸地）無論你再怎麼認真追求，就是沒有錢，而且無論你再怎麼認真追求，就是沒有健康。也就是，不管你再怎麼做，就是三餐不繼，房租繳不出，身

體疼痛不已，身形日漸消瘦。這情況可能是由個人問題造成，也可能是外在環境所造（像是 Covid-19 疫情？），或是眾多複雜因素交錯引起，但無論原因為何，還是可以試著在這想像情境中，思考你「會」如何應對？又「該」如何應對？

另外再想像一段對話：

> 高　中　生：「我暑假後就要上大學了，真高興！」
>
> 蘇格拉底：「為什麼你要上大學？」
>
> 高　中　生：「因為大學畢業後我就可以有學位證書啊！」
>
> 蘇格拉底：「為什麼你要學位證書？」
>
> 高　中　生：「因為有學位證書我就可以有工作啊！」
>
> 蘇格拉底：「為什麼你要有工作？」
>
> 高　中　生：「因為有工作就可以有錢啊！」
>
> 蘇格拉底：「為什麼你要有錢？」
>
> 高　中　生：「因為有錢我就可以成家啊！」
>
> 蘇格拉底：「為什麼你要成家？」
>
> 高　中　生：「因為這是我憧憬的幸福人生啊！」
>
> 蘇格拉底：「為什麼你要幸福？」
>
> 高　中　生：「為什麼我要幸福?! 這是個什麼問題？這是個問題嗎？ 我甚至不知道追求幸福竟還需要理由！」

高中生的反應是正常的，也許虛擬蘇格拉底的提問正是要凸顯其提問的荒謬。我們可以創造出更多類似的虛擬對話，在這些對話中，主角（可以是高中生、老師、員工、老闆、父親、母親、先生、太太等各種角色）在哲學家的不斷追問下，往往會將他所有

的行動理由，歸結到對幸福的追求。之所以會歸結到追求幸福，除了符合我們的日常經驗，還有些思辨上的考量。第一，若主角的回答不終止在某個理由，那麼將造成理由的無限後退 (infinite regress)。如此一來，主角會以「永無止盡的理由序列」來說明他為何要上大學——但這恐怕不是一個好的說明。第二，若需要一個可終止無限退後的理由，那麼幸福似乎可滿足此條件，因為一般認為幸福本身具有內在價值或非工具價值，也就是它不是用來達到其他目的的手段。假若有人認為追求幸福還可以再追問所為何求，那麼可能的回答會是什麼呢？會不會給出的答案不過是幸福的同義詞（像是「美好人生」、「快樂人生」）或是幸福的可能內涵（像是「愉悅感受」、「離苦得樂」、「欲望滿足」）？若是，幸福依然是人類行動的最終理由或目標。

　　上面兩個想像，看起來一個是關於不幸情境，一個是關於追求幸福。但不管哪個，這又與智慧有何關係呢？關係在於：智慧有益於 (conducive to) 獲致幸福。人在面對不幸或是追求幸福上會有所思，但思考有好壞之分。當有人從「如果驚奇隊長是全能的，那麼她就能阻止地震」和「驚奇隊長不是全能的」這兩個信念推出「驚奇隊長不能阻止地震」這個信念，我們會說他的理論推理 (theoretical reasoning) 不好。當有人想要在最短時間內由臺北到高雄，思考後打算在臺北搭普悠瑪列車途經過花東再到高雄，我們會說（假定高鐵正常行駛）他的實踐推理 (practical reasoning) 不好（雖然他最終還是可以到高雄，但與他所設目標「在最短時間內」不符）。所謂好的理論推理，在於其有益於獲致真理；所謂好的實踐推理，在於其有益於獲致成功。同樣地，人會思考什麼是幸福、如何獲得幸福、如何應對不幸，但有些人總是思考地好，

有些人則否（要嘛不總是思考地好，要嘛總是思考地差）。在幸福事務上，那些可以總是思考地好的人，我們稱之為智者；其在思考幸福事務上的出色技能，我們稱之為智慧。擁有智慧或許不是擁有幸福的充分條件（涉及運氣問題），或許也不是擁有幸福的必要條件（想想看，是否有過得好日子但卻沒有智慧的人呢），但普遍而言，智慧有益於獲致幸福。如果我們要獲致幸福，從工具價值的角度來看，我們應追求和培養智慧。

回到本節開頭所提的「智慧無用論」再反思一下：沒有智慧真的沒有任何影響嗎？在幸福事務上的實踐推理不好，生活真的可以如常嗎？

問題與思考
如果有人說：「是的，智慧的確很重要。只是我現在有更重要的事情要忙，智慧這檔事等我比較有空再說吧！」你認為這說法站得住腳嗎？

智慧究竟為何？──智慧與技藝

智慧的作用或影響在幸福相關事務上，但智慧究竟由何構成以致其有此能耐呢？智慧是一種好的實踐推理能力。所謂「實踐推理」是關於「做什麼」（what to do）的一種推理，在這推理中，主角會在某個特定目標下去思考如何有效地達成目標（主角有時也必須對目標的內容加以思考），簡單地說，就是種「手段─目的」推理（means-end reasoning）。

實踐推理在日常生活中隨處可見。例如，如果你想要有個悠閒的下午茶時光，那麼你會考慮相關的手段：像是你可能會考慮是去街角的小咖啡館，還是去會員制的咖啡店（但就不考慮是否去觀光客很多的咖啡館）；你也可能會考慮是單獨前往，還是跟知心好友前往（但就不考慮是否找全公司同事一起去）；你也可能會考慮是看雜誌度過一下午，還是和好友談天說地一下午……。在某些特別的情況下，推理者必須對他的目的進行思慮（如果目的的內容太過抽象、模糊、不確定，那麼推理者必須先界定目的，否則手段也無從思慮起）。

針對生活日常事務的實踐推理，其推理的好或壞對主角的影響可能不大，例如主角想有個悠閒下午茶時光，但（由於思考不周）選擇到觀光客很多、環境很吵的店裡，破壞了主角「悠閒」的設想。但在某些領域中，實踐推理的好壞對主角或是相關人士會有很大的影響，例如在醫生、律師、運動員……等等擁有某一技術或技藝 (skill) 的人，如果在該領域中的實踐推理不好，可能會損及他人生命、財產、權益或是個人名聲等等。在某項技藝中的實踐推理通常會有特定目標以及常用手段，要掌握該項技藝的人，必須清楚知道目標為何、在一般情況下的常用手段為何、在特殊情況下又該如何成功達成目標。基於上述說明，如果我們將實踐智慧視為一種好的實踐推理能力，那麼實踐智慧的核心可被刻劃如下：

技藝觀點：若甲是智慧的，則㈠甲知道幸福由何構成（或甲知道人生中最重要的目標或價值為何）；㈡甲知道幸福如何達成（或甲知道達成人生中最重要的目標或價值的方

法為何）；㈢甲成功地（依他所知的方法）達致（他所知的）幸福。

上述用到「知道」一詞，表示智者在關於「幸福由何構成」、「達致幸福的最佳方法」上所擁有的不止是「信念」，而且還是真實的信念、有合理說明的信念。❸對於人生會有所思考的人，他或多或少已展現了某種關於人生的實踐推理。但「有」實踐推理能力是一件事，有「好的」實踐推理能力則是另一回事。只有在關於「如何過活上」，那些擁有「好的」實踐推理能力者，我們才稱之為智者、擁有智慧的人。在關於如何過活上，有「好的」實踐推理能力的人，他在「幸福由何構成」、「達致幸福的最佳方法」上所擁有的不是虛假信念、不是一廂情願的想法、不是人云亦云的說法，而是真實的信念、合理的說法、他能加以辯護和證成的想法。相對地，一個不具智慧的人，他或是不知道是什麼構成了幸福（沒有目的知識），或是不知道達致幸福的方法（沒有手段知識），或是既沒有人生領域中真確目的知識也沒有最佳手段知識。

　　上述的技藝觀點可以更加複雜，但仍不脫原本的手段─目的架構。例如我們可以看一下哲學家諾齊克（Robert Nozick）對於智慧的描繪：

　　　　智者所需知道和理解的東西構成了一份形形色色的表列：人生中最重要的目標和價值──究極目標（如果有的話）；什麼方法可以在不付出太大代價下達成這些目標；什麼樣的危險威脅著這些目標的達成；如何辨識出和避免或降低這些危險；不同類型的人們，他們

的行為和動機有何相像（因為這會帶來危險或機會）；在達成目標（或避免危險）上，哪些是不可能或不可行的事情；如何辨識出什麼是適合的時間點；知道在何時哪些目標已充分達成；哪些限制是不可避免的，以及要如何接受它們；如何改善自己以及與他人或社會的關係；知道各種事物的真正和不明顯價值是什麼；何時採取長遠眼光；知道事實、制度和人性的多樣性和頑固性；了解人們的真正動機為何；如何應對和處理生活中的重大悲劇和兩難困境，以及如何應對重大的美好事物。(Nozick 1989：269)

由諾齊克的表列來看，智者所需知道和理解的事情不少（他在這裡列出十幾項，或許還可以更多），乍看下會以為是一堆知識的集合。但是由技藝觀點來看，這些知識項目具有某種結構：它們不外乎兩類知識，一是關於人生目的的知識，一是關於達成人生目的之手段的知識。引文中的第一個項目是關於目的的知識，而其他項目幾乎都是關於手段的知識，這些知識從各個不同面向指出哪些方式有助達成目的，哪些東西是有礙達成目的，且要如何避免潛在的阻礙。

> **問題與思考**
> 大部分人都同意，「認識自己」是人生中最重要的事。但它是屬於智慧中的目的知識，還是手段知識？或是你有其他不同的看法？

智慧為何稀有？──智慧與價值

　　根據技藝觀點，智慧似乎主要是由「具備人生領域中的目的知識與手段知識」而構成。這樣看來，獲得智慧似乎並不困難，不過就是去「知道」人生目標與達成手段，接著付諸實踐。在這理解下，智者應該到處都是。然而事實上，我們知道智慧是稀有現象，智者並不多見。那麼，技藝觀點是不是錯了呢？表面上來看，技藝觀點中的三個條件好像很容易滿足，但事實上皆有各自的困難與挑戰。

　　技藝觀點的㈢「甲成功地（依他所知的方法）達致（他所知的）幸福」，這點是否很容易滿足？技藝或技能是一種實踐知識，它的構成要素是「成功（達成目標）」。懂得游泳或開車的甲，跟單單只能講出游泳或開車方法的乙，兩人在游泳和開車技能上的差別為何？想想看游泳或開車，這些技能本身的目標為何？這些活動成功與失敗的標準為何？若用最簡單的方式來說，游泳的目標是要讓自己可以在水中浮起或移動，開車是要將車子由 A 點安全駕駛至 B 點。若乙無法讓自己在水中移動或是將車輛安全駕駛至某一定點，那麼即使他將教學手冊中的所有內容都背出來，他也不具備游泳或開車的技能。再者，若乙的確可以成功在水中浮起或是將車子由 A 點駕至 B 點，但他只能在游泳池的一小塊固定區域游，或是只能在駕訓班的場地中開車，也就是他無法在深一點的泳池或是安全海域中游泳，也無法在真實的道路上開車，那麼他是否真的擁有游泳或開車技能，其實還是要劃上問號。是以，技藝的成功條件要滿足不是那麼容易。技藝觀點中的㈢正是相應

於技藝的成功條件。假定一個人知道人生最重要的價值，也知道實踐這價值的方法，但他就是不願或無法實踐出這價值。之所以如此，可能是因為他意志薄弱，可能是因為他害怕失敗，可能是因為環境困難，或是其他因素，但無論如何，這些因素都可能阻礙該價值的實踐。「付諸實踐」不是如其文字上看起來這麼容易。

技藝觀點的㈠「甲知道幸福由何構成（或甲知道人生中最重要的目標或價值為何）」和㈡「甲知道幸福如何達成（或甲知道達成人生中最重要的目標或價值的方法為何）」 是否也很容易滿足？這兩項知識——人生領域中的目的「知識」與手段「知識」——其實都不容易獲得。我們必須花點工夫來講為什麼，特別是針對其中的目的知識。

當我們說智者知道什麼才是人生中最重要的目標或價值時，有人可能會認為：「難道我們不知道人生中最重要的目標或價值是什麼嗎？通常我們都知道這些目標或價值是什麼，只是沒有去認真實現或維護罷了！所以，智慧的難得與稀有不在於知不知道人生中最重要的目標或價值為何，而是在於不行動而已。」會有上述想法的人，大抵是將價值（好、善）與其對立（壞、惡）做對比，在「好／壞」對比中相對容易知道什麼是重要的。不過，智者所面臨的情境通常更複雜、更具挑戰性，這樣的情境通常是價值與價值之間的選擇。在「好／好」之間的抉擇，就不似「好／壞」之間的抉擇這麼容易。

為什麼我們需要在「好／好」之間做抉擇呢？我分三點逐步推進說明。第一點是關於「價值多元」。如果價值可以依「誰」所欲來分類的話，大抵可以分成三類（或說三個層次、面向）：❹

- 人類價值：「人類」所欲之物。
- 社會價值：「我們」所欲之物。
- 個人價值：「我」所欲之物。

人，作為「人類」，所欲之物大抵是使得生命得以可能的那類事物，亦即是人類的基本需求，像是生理需求、心理需求、安全、生命。人，作為「社會成員」，所欲之物大抵是由特定社會所呈現出的文化來決定，涉及到像是道德的、美學的、政治的、哲學的、宗教的等等領域中的評價。人，作為「獨特個體」，則有其特別的喜好或想法、生活理念等等。這三類價值之所以可以說是三個「層次」或「面向」，在於它們有時可以在同一事物上展現，例如：「我」喜歡美食（即享受美食是個人價值），我身處的「社會」也重視美食（即享受美食是社會價值），而就「人性」而言，「食色性也」（即享受美食是人類價值）。「享受美食」可以同時是「我」、「我們」、「人類」所欲之物。

　　第二點是關於「價值不相容」。然而，上述的三類（或層次、面向）價值不一定總是一致的。生命與健康是我們重視的價值，人身自由也是我們重視的價值。但在疫情中兩者就可能無法兼顧：若為了保障生命和健康，則可能有剝奪人身自由的措施；若為了完全的人身自由而不採取像是戴口罩、隔離、封城等等防疫措施，則可能威脅到個人健康，甚至是生命。諸如這樣的價值衝突在社會議題中經常可見，像是保護環境、交通便利、發展經濟、開發能源，都是我們重視的價值，但在不少情況下它們之間會有衝突，必須取捨或妥協。在個人生命中亦常遇到價值衝突的情況。

　　第三點是關於「價值不可共量」。在價值衝突時，是否有一絕

對客觀的價值排序，可以用來幫助我們衡量不同價值的高低，進而解決價值衝突呢？例如，我們可不可以採用價值排序表 L1「人類價值＞社會價值＞個人價值」呢？（「＞」表示「高於」、「優先於」。）這類價值排序表列（無論是 L1 或是其他排序表）似乎都是行不通的，因為我們總是可以設想或觀察到某些案例，在這些案例中，主角的抉擇違反了排序，但人們卻會猶豫──主角是否真的錯了嗎？例如，當甲寧可餓死也不願意做危害他人的事，甲視社會價值（道德規範）高於人類價值（生命）。此時甲違反了 L1 的價值排序，但甲是否真的錯了呢？道德規範與個人生命都是重要的價值，但似乎很難說其中一項可以無條件地壓過另一項。亦即，我們可以設計其他情境，在這情境中甲危害他人來保有自己生命，但我們卻不會認為甲這樣做百分之百就是錯的（此處我就留給讀者自己去設想這樣的情境）。我的目的在於指出：價值很難有一絕對客觀的排序，價值之間其實是不可共量的；即使在價值衝突時做了價值抉擇，那通常也是不得已的，不代表價值高低就因此排定。

一旦承認價值多元，價值衝突容易隨之而來，而價值不可共量使得價值衝突不易化解。是以，知道「什麼」是人生中最重要的價值並不是件容易的事。面對價值衝突要知道「如何」做也不是件容易的事：是要去化解、還是鬆動、或是深度理會此一價值衝突呢？技藝觀點中的三個條件都不似表面上看來那麼容易滿足；這也解釋了為何智慧是稀有的。

> **問題與思考**
>
> 在本書中有一篇文章提到「道德的相對主義」。「價值相對」與「價值多元」是同樣的嗎？或者，承認「價值多元」的人，會不會認為「價值是相對的」？主張價值多元會不會陷入「公說公有理，婆說婆有理」的情況？

智慧如何可能？——智慧與直覺

　　如果智慧那麼稀有，那麼我們還有可能追求它嗎？首先，稀有畢竟只是「稀有」，不是「沒有」。其次，智慧有程度之別，雖然完全或完美的智慧很難獲得，但我們可以試著追求它、接近它，此時所獲得的「智慧」雖不完美、不完全，但至少不至於落入「愚昧」。完美智慧與接近智慧是程度上的不同，但智慧與愚昧則是種類上的不同。

　　那麼，智慧如何可能呢？回答這問題之前，我們可以先想一下，技藝又是如何可能呢？根據休伯特·德雷福斯 (Hubert Dreyfus) 與斯圖爾特·德雷弗斯 (Stuart Dreyfus) 著名的技藝習得模型 (Dreyfus & Dreyfus, 1986)，技藝習得經歷五個階段：新手 (novice)、進階初學者 (advanced beginner)、勝任 (competence)、熟練 (proficiency)、專技 (expertise)。在學習一項新技藝（以開車為例）時，「新手」通常位於非真實情境（想想看駕訓班特意安排的場景），面對的是免於脈絡 (context-free) 的特徵（例如儀表板上的資訊）。新手（就所面對特徵）所要採取的行動依據，主要是老師給他的規則，這類規則通常不涉及脈絡，我們可以稱為免於脈絡

的規則 (context-free rules)，例如「當指針到時速二十公里時，就換二檔」。❺

　　在第二階段的學習者稱為「進階初學者」，他處於真實情境，面對的除了非情境特徵，還包含情境特徵 (situational features)，像是車輛的引擎聲、路上車輛的狀態、其他車輛駕駛的行為等等。進階初學者所要採取的行動依據，除了（面對非情境特徵時所用的）免於脈絡的規則，也包含面對情境特徵時所用的準則 (maxims)，像是「當面對前方車輛急轉彎，或是來車駕駛正低頭看手機時，放慢自己車速，或與它保持距離」。

　　到了第三階段，勝任者所面對的不只是免於脈絡特徵和情境特徵，他還面對大量的潛在相關特徵 (potentially relevant features)（想想是在高速公路上開車）。此時，一般學習者面對大量特徵會不知所措。為處理這問題，勝任者所依據的不能只是規則、準則，他還必須選定計畫或觀點 (choose a plan or perspective)。例如：駕駛要從高速公路下交流道，他面對大量情境特徵，像是車輛速度（包括自己的車速及前後左右車輛速度）、車輛行進狀況（像是旁車是要直行、超車或下交流道）、天氣狀況（像是因天晴或起霧而影響能見度）、路面狀況（像是有無積水、前方有無障礙物）、出口指示（像是標示是否清楚、自己是否看清楚或理解正確）、緊迫的應變時間等等。勝任的駕駛會判斷（例如）自己在準備下交流道時開太快並決定要減速。這時他採取的觀點是「減速」，接著與減速行動相關的特徵清楚浮現，其餘暫時退入背景（如道路有無積水這時就比較重要，而出口指示則放入背景）。由於有計畫或觀點（亦即有目標或知道需要完成什麼），潛在的相關特徵儘管大量，但就能以一種具結構或階層的方式呈顯（與主目標、次目標、

次次目標相應），讓勝任者可以在某一目標下，決定哪些特徵是相關的，哪些則可忽略或暫時放入背景。

到了第四階段，熟練者不是「選擇」觀點或目標，而是直覺地「看出」目標為何。以開車為例，德雷福斯如此描述熟練者與勝任者的差別：

> 熟練的駕駛 (proficient driver) 在下雨天駛近彎道時，他會「直覺地了解到」車子速度太快了。他接著會有意識地去決定，究竟是要去踩煞車，還是把踩油門的力道放小一點。當決定是有意識地去進行時，寶貴時間可能因此流失，或者，時間的壓力也可能導致不太理想的抉擇。然而，與勝任的駕駛 (competent driver) 相比，熟練的駕駛肯定更有可能安全地通過彎道，因為勝任的駕駛會花費額外時間，去根據速度、曲率角度、感受到的重力，來「決定」車子的速度是否太快。(Dreyfus, 2014, p. 22)

技藝熟練者對於自己的直覺，有時很難給予說明或證成。例如有個十五年經驗的專業臨床護理師，她的臨床判斷和能力都深受同事和醫生信賴。在一次訪談中她提到：「當我對醫生說，『這病人是思覺失調患者』時，我並不總是知道要如何合法化我的說法 (I don't always know how to legitimize that statement)。但我從沒說錯過，因為我對這病瞭若指掌」(Benner, 1982, p.406)。

到了第五階段就是專家。專家與熟練者的差別在於：熟練者可以直覺地「看出」目標，但他還是要「決定」如何完成目標；

專家不只可以直覺地「看出」目標，他還可以直覺地「看出」如何完成目標。

　　以上是德雷福斯的技藝習得五階段模型。如果智慧是一種技藝（也就是，如果你接受技藝觀點），那麼由這個模型就有助我們了解智慧是如何可能。剛開始學習時，仍需要知道某些相關的原理原則，用以協助在人生困難情境抉擇，如在新手和進階初學者階段，智慧學習者可能需要知道「欲望滿足對幸福是重要的」、「認識自我對於達成幸福是重要的」、「道德價值與非道德價值(non-moral values) 對於人生都有重要影響」、「價值是多元的，沒有壓倒性的價值」等等。愈到後來的習得階段，例如到了勝任階段，智慧學習者愈會有意識地「決定」目標、有意識地「決定」如何達成目標。在價值衝突的情境中，他會「決定」在這個特定情境中採用哪個價值，以及「決定」怎麼去實踐這個價值。到了熟練階段，智慧學習者可以直覺地「看出」目標（不用對價值進行思慮式取捨，而是該採用的價值會直接跳至眼前），但他還是要有意識地「決定」如何達成目標。到了專家階段，智者則是直覺地「看出」目標、直覺地「看出」如何達成目標。

　　有時人們會覺得智慧很神祕，很難說得清楚。不過若由德雷福斯的技藝習得模型來看，智慧的神祕性或說不清楚性就獲得了解釋。因為智慧與各種技藝一樣，到了熟練與專家階段，直覺逐漸取代了可明說的規則。❻

　　智慧的習得需要經驗，這些經驗有的是自身的，有的是來自於朋友，或是傳記、新聞、小說或電影中的人物。但無論經驗來自哪裡，若要習得智慧，都必須啟動並鍛鍊自己的實踐推理能力，思考在自己所處困難情境中，或是設想假若是在他人所處困難情

境中，自己該怎麼做；思考的重要面向，包括「什麼才是最重要的事」、「什麼才是達到目標的最佳方式」。抉擇的後果有時可做為回饋，強化或調整自己的（與人生事務相關的）實踐推理能力，逐步邁向「好的」實踐推理能力，也就是實踐智慧。

> 問題與思考
> 如果智慧的習得需要經驗，這是否意味著人年紀大了就會有智慧？
> 你認為「是」或「不是」的理由是什麼呢？

人生的標準答案在哪？

本章以四個思辨指出實踐智慧的性質與價值，思辨中的核心理論為技藝觀點。總結地說，我們可以發現實踐智慧不是不可能，但要獲得它也不是很容易，因為它不是從天而降或一蹴可幾，而是與各種技藝一樣，需要培養與練習。

這裡用個小故事結尾。我在哲學系任教時也在系外教授通識課程。有門課最後一堂期末考考完，同學陸陸續續交卷，最後一位交卷的同學我有印象，他上課總是坐在教室第一排，筆記抄得很認真，課程中也會發言提問。在他交卷時，我一邊整理考卷一邊問了一句：「這門課學得如何啊？」他頓了一下說：「整學期都很好，但只有一個小缺點。」我很好奇問他：「是什麼缺點呢？」學生很認真地說：「有些問題沒有標準答案。」我先是愣了一下，但隨後就放心了。我並沒有問同學，究竟是哪個問題沒有標準答案，而是問他：這個所謂的缺點是不是預設了「所有的問題都有

標準答案」？（其實可以談的問題更多，例如這個「預設」正確嗎？什麼是「標準」答案？提問者有沒有可能把「問題 (question)」與「難題 (problem)」、「議題 (issue)」或「謎題 (puzzle)」弄混了？）對於學哲學的人而言，沒有標準答案是很習慣的事。在大一哲學史，我們教了柏拉圖，學生會認為柏拉圖說的是「標準答案」（或至少把它背起來，考試就會高分），但後來又教了亞里斯多德，包括他對柏拉圖的批評，學生轉而認為亞里斯多德說的才是「標準答案」，但後來我們教了伽利略、笛卡兒、洛克、休謨、康德等等哲學家。大一學生剛開始會茫然不知所措，期末會來問像通識同學問的類似問題：「老師，這麼多說法，到底哪個才是對的？」但到了大二，同學修過了更多哲學課，發現不止哲學史，連知識論、形上學、倫理學等等科目也都是類似情況，而且更複雜，即被批評的理論不一定整個錯，甚至在某段時間後還「復興」起來。在經過幾年哲學洗禮下的大四學生就幾乎不再問，究竟哪個是標準答案，而是專注在「為什麼這理論會這樣說？」、「它這樣說比其他理論合理嗎？」、「其他理論會怎麼批評這個理論？」等等。「探究」比起「標準答案」來得重要且令人享受。不用擔心「探究」是沒有答案且無止無休。探究會停在某個點，停在某個令人暫時滿意的回答。但「探究」總是準備好，準備好一旦這個令人暫時滿意的回答受到擾動，它就再出發。我希望讀者的智慧探究之旅也是如此。❼

附註

❶　參閱：Sternberg and Gluck, 2019, p. 786。

❷　我的回答背後隱含著一套理論，我稱為「實踐智慧之技藝理論」(the

skill theory of practical wisdom)，詳細說明參閱 Tsai (2020) 和 Tsai (2021)。

❸ 讀者可以透過例子來想想「知道」與「信念」有什麼不同，例如想想為什麼我們說「古人『相信』地球是宇宙的中心」但不是說「古人『知道』地球是宇宙的中心」？

❹ 這樣的分類可參見 Kekes (2010) 和 Rescher (2017)（Rescher 還多加了一類：普遍價值，即「理性者」所欲之物）。

❺ 我們可以換到「道德」領域來看。父母或老師在教導小孩時，常告訴小孩子「不管怎樣，就是不要說謊」。這時「不管怎樣」就是一種抽離脈絡的做法，「不管怎樣，就是不要說謊」就是一種免於脈絡的規則。由於小孩子是學習道德的「新手」，太多資訊反而會使他不知所措，是以學習抽離脈絡規則是不得已但卻是有效的入門方式。但這畢竟只是入門方式，小孩到某一階段就會發現免於脈絡的規則無法妥善處理每個道德情境。

❻ 至於直覺與專家直覺 (expert intuition) 是怎麼一回事，目前學界已有相當多的研究，有興趣的讀者可參閱 *Rational Intuition* 一書。

❼ 感謝古秀鈴老師對於本文初稿提供極有用的建議。

參考書目

引用資料

Benner, Patricia. (1982). From Novice to Expert. *The American Journal of Nursing*, 82(3), 402–407.

Dreyfus, Hubert, & Stuart Dreyfus. (1986). *Mind Over Machine: The Power of Human Intuition and Expertise in the Era of Computer*. New York: Free Press.

Dreyfus, Hubert. (2014). Intuitive, Deliberative, and Calculative Models of Expert Performance. In Caroline Zsambok and Gary Klein (Eds.), *Naturalistic Decision Making* (pp. 17–28). New York: Psychology Press.

Kekes, John. (2010). *The Human Condition.* Oxford: Oxford University Press.

Nozick, Robert. (1989). *The Examined Life.* New York: Touchstone Press.

Osbeck, Lisa, & Barbara Held (Eds.). (2014). *Rational Intuition: Philosophical Roots, Scientific Investigations.* Cambridge: Cambridge University Press.

Plato. (1914). *Euthyphro, Apology, Crito, Phaedo, Phaedrus.* H. N. Fowler (Trans.). Cambridge, MA: Harvard University Presss.

Rescher, Nicholas. (2017). *Value Reasoning: On the Pragmatic Rationality of Evaluation.* Cham: Palgrave Macmillan.

Sternberg, Robert J., & Judith Glück (2019). Why Is Wisdom Such an Obscure Field of Inquiry and What Can and Should Be Done about It? In Robert Sternberg & Judith Glück (Eds.), *The Cambridge Handbook of Wisdom* (pp. 783–795). Cambridge: Cambridge University Press.

Tsai, Cheng–hung. (2020). Phronesis and Techne: The Skill Model of Wisdom Defended. *Australasian Journal of Philosophy*, 98(2), 234–247. DOI: https://doi.org/10.1080/00048402.2019.1618352

Tsai, Cheng–hung. (2021). Practical Wisdom, Well–Being, and Success. *Philosophy and Phenomenological Research,* online first. DOI: https://doi.org/10.1111/phpr.12797

延伸閱讀

De Caro, Mario, & Maria Vaccarezza (Eds.). (2021). *Practical Wisdom:*

　　　　Philosophical and Psychological Perspectives. New York: Routledge.

Grimm, Stephen R. (2015). Wisdom. *Australasian Journal of Philosophy,* 93(1),
　　139–154.

Kekes, John. (2020). *Wisdom: A Humanistic Conception.* Oxford: Oxford
　　University.

Ryan, Sharon. (2013). Wisdom. In Edward Zalta (Ed.), *The Stanford
　　Encyclopedia of Philosophy* (Spring 2020 Edition).
　　https://plato.stanford.edu/archives/spr2020/entries/wisdom/

Sternberg, Robert, & Judith Glück (Eds.) (2019). *The Cambridge Handbook of
　　Wisdom.* Cambridge: Cambridge University Press.

海德特 (Jonathan Haidt)、路加諾夫 (Greg Lukianoff) (2020),《為什麼我們製
　　造出玻璃心世代？：本世紀最大規模心理危機，看美國高等教育的
　　「安全文化」如何讓下一代變得脆弱、反智、反民主》。朱怡康翻
　　譯，臺北：麥田。

傑斯特 (Dilip Jeste)、拉菲 (Scott Lafee) (2021),《智慧的科學：智慧是什麼？
　　如何產生？怎樣量化？我們可以變得更有智慧嗎？》。郭庭瑄譯，臺
　　北：本事文化。

鄧育仁 (2022),《公民哲學》。臺北：國立臺灣大學出版中心。

霍爾 (Edith. Hall) (2019),《關於人生，你可以問問亞里斯多德：不做決定，
　　等於讓別人決定你。幸福，是有意識的思考、選擇和行動》。鄭淑芬
　　譯，臺北：仲間出版。

人工智慧會毀滅人類文明嗎？

洪子偉

　　人工智慧哲學 (philosophy of artificial intelligence)，是指在研發與使用人工智慧（artificial intelligience，簡稱 AI）科技時所引發的哲學議題。這些議題在理論與實務上對人類發展都有重要影響。它們常涉及哲學的基本概念（譬如：何謂「智慧」、何謂「自主性」？），也多與人類的基本權利有關（譬如機器學習所需的個人資料是否侵害隱私權？長照機器人是否會減低被照顧者的自主權？）。甚至還包括已故劍橋物理學家霍金 (Stephen Hawking) 所擔憂的，人工智慧最終是否會威脅人類文明等問題。這些議題種類繁多，不一而足，但都是人類可能面臨的衝擊。2019 年，聯合國教科文組織更將人工智慧的相關爭議，列為全球所共同面臨的重大挑戰之一。為了更詳細理解人工智慧哲學的真正議題，本章首先釐清相關的核心概念。其次簡介目前人工智慧科技產業可能導致的社會問題。最後則解釋未來真實人工智慧的相關爭議，使讀者對人工智慧哲學有初步認識。

什麼是人工智慧？

　　什麼是人工智慧呢？簡單來說，它是泛指所有能模仿人類的智慧執行任務的系統或機器，可以根據所收集的資訊不斷自我調

整、進化並輸出適當結果。自 1950 年代以來，人工智慧的發展深受資訊科學與機器人學兩大傳統的影響。同時，也常與認知科學、計算語言學、心理學哲學等領域的發展共同演進。

近年來人工智慧 (AI) 的應用非常廣泛：從診斷並治癒疾病、最佳化現有運輸與物流、金融投資與管理、天災預測與防治，到老人長期照護等等。在這些應用背後所涉及的人工智慧技術也很多元，根據牛津大學數位倫理實驗室的分類，傳統人工智慧、決策演算、機器人學等都被視為是人工智慧❶，但現今最受人矚目的技術是「機器學習」。機器學習是指一個計算系統可透過歸納法或是貝式機率的方式在龐大的資料中找出抽象規則。此技術已發展數十年了，是全球企業在人工智慧產業的投資占比最多的一項，然而今天它之所以有重大突破，主要是這幾年在「大數據」以及「深度學習」❷方面的進展：深度學習讓原本的類神經網路在運用更複雜的演算法之後大幅提升學習的效率。而大數據，尤其是網路資料，則記錄與累積了大量深度學習所需要的材料。

強人工智慧與弱人工智慧

更詳細來說，人工智慧可從「強度」與「廣度」區分出幾種不同的類型。一方面，從強度來看有「弱人工智慧」與「強人工智慧」之別。前者僅指可以模擬人類思考之外顯行為的人造系統；至於後者則指具有與人類思考能力相同的人造系統。如果我們進一步以資訊處理的「手段」與「結果」來說明，那麼弱人工智慧僅要求系統輸出的結果與人類所表現出的認知能力相當即可。例如某個機器如能通過圖靈測試 (Turing Test)，即可滿足在語言能

力上的弱人工智慧標準❸。但是強人工智慧則需具備與人類大腦思考過程相同的資訊處理程序，而非只有輸出的結果。由於此種條件較難滿足，故稱為強人工智慧。自 1950 年代開始，雖然陸續有強人工智慧的理論被提出，但實驗室中可行的實際研究項目多屬弱人工智慧的範疇❹。另一方面，如以廣度來區分，則有「廣義人工智慧」與「狹義人工智慧」兩種。前者是與人類一樣全面認知能力（如自我意識）的人造系統。後者則指只具特定或局部認知能力（如空間推理、面孔辨識、語音辨識）的人造系統。而從這兩方面來分類，則有以下圖表之不同概念。

強度 廣度	強人工智慧 (Strong AI)	弱人工智慧 (Weak AI)
廣義人工智慧 (General AI)	真實人工智慧：目前僅為理論，尚未成功研發。	
狹義人工智慧 (Narrow AI)	N/A	產業人工智慧：產學界的研發與投資重點。

　　目前在科技業界研發或投資的熱門項目（譬如第五級自駕車、醫療診斷電腦）因只針對特定的認知能力（例如駕駛、判斷病徵），且著重在解決問題的實際效果上，而非強調與人類大腦內在處理過程的相似性，因此是屬於弱的、狹義的人工智慧。這種狹義的弱人工智慧是產業界重要且熱門的研發類型。至於狹義人工智慧因只著重特定能力（如機器人的路徑規劃）而不具有與人類相同思考能力（自我反省或情感推理），而與強人工智慧矛盾。故不會出現強的狹義人工智慧，表中以 N/A 表示。

　　此外，如果人工智慧系統展現出等同於人類全面認知廣度，但只是模擬出相當於人類的認知表現，則僅是廣義、弱人工智慧。反觀如果它真的具有等同於人類大腦的內在程序或與自我意識者時，則為廣義的強人工智慧。雖然目前的電腦技術在局部能力（如記憶、計算）上已遠遠超越人類，但在整體能力（如綜合判斷、知覺統合、語言溝通）上仍遠不及人類。這兩種廣義人工智慧目前僅是理論，仍未實際被研發出來。假設未來當廣義人工智慧系統也具有與人類相當的能力時，則為「真實人工智慧」。而當其整體能力遠超越人類時，則被稱為「超級人工智慧」。

　　不同種類的人工智慧可能引發的社會爭議並不相同。例如以超級人工智慧的風險來批評產業人工智慧，就可能張冠李戴。因此，區分這些概念的優點在於避免辯論時雞同鴨講，進而釐清爭議之所在。

是機會還是風險？

　　近幾年人工智慧相當熱門，不論是投資金額與關鍵字搜尋頻率都顯著成長❺，相關的應用願景也紛紛被提出。例如 2013 年 IBM 宣稱其超級電腦華生 (Watson) 分析過 60 萬份醫療證據與 17400 小時的臨床訓練，將可做出比人類醫生更精準的診斷。2016 年英特爾電腦 (Intel) 與美國兒童救援組織 (NCMEC) 合作，透過面孔辨識技術來協尋失蹤兒童。2018 年英國企業 WeSee 宣稱其面孔辨識技術已能透過微表情、姿勢與動作來預估人的情緒與可能意圖，從而判斷其威脅性。未來可應用到地鐵來預防跌落月臺與恐怖攻擊。2021 年的研究更指出，全自動的聊天機器人

Woebot 可有效降低使用者的憂鬱症狀❻。換言之，人工智慧在解決人類所面臨的各種問題上，似乎潛力十足。

　　然而人工智慧的迅速發展也引起不少爭議。例如不少學者擔心相關的科技可能會造成隱私與自主權的侵犯❼；未來也可能有大量的勞力工作被取代❽。2018 年 4 月 Google 員工抗議公司高層與美國國防部合作將人工智慧運用到軍事上。2020 年 10 月更有超過兩千位的美國數學家參與連署，以反對與警方合作開發預測犯罪的演算法❾。同樣引起社會矚目的，也包括產學專家的呼籲：英國的劍橋天文物理學家霍金、特斯拉創辦人馬斯克 (Elon Musk)、美國認知科學家哈里斯 (John Harris) 都不約而同提出警告——無限制的發展人工智慧會導致人類文明滅亡的風險。發展人工智慧所帶來的整體效益與社會衝擊似乎眾說紛紜。究竟哪些好處是可合理預期，哪些又是言過其實？所謂的風險中，何者屬杞人憂天，何者又需嚴肅面對？

　　相較於科學著重於研究人工智慧在工程上「能夠」發揮多大潛能，哲學則主要關注於人工智慧在理想上「應該」做到什麼——這又稱為人工智慧的規範性問題。舉例來說，有些科學家希望人工智慧能提供客製化的服務：盡可能蒐集人類的行為資料，以滿足人類的需求（例如 Netflix 和 YouTube 的推薦系統，會根據使用者習慣投其所好，並增加廣告效益）。但是哲學家則會探討「訓練人工智慧使其知道人類的偏好，會在哪些方向上對個人慣習行為與隱私造成侵犯」等相關問題。換言之，兩者常有截然不同的觀點。為釐清常見爭議，以下將利用上述區分的「產業人工智慧」與「真實人工智慧」兩種概念，依序探討可能的社會爭議。

產業人工智慧的社會問題

　　產業人工智慧是目前最熱門的投資項目之一。這種機器學習的應用廣泛，例如美國亞馬遜 (Amazon) 公司曾與兒童救援機構合作，透過分析網路上的色情廣告篩選出可能被逼迫的未成年之廣告，拯救了六千多個未成年的受害者。英特爾 (Intel) 則是和美國聯邦政府合作拯救失蹤的兒童。類似的技術也可應用在醫療診斷、語音翻譯、金融投資、環境保護、市場行銷、犯罪防治、老人長期照護等領域。這種產業人工智慧，常是吸引眾多投資與研發的焦點。然而，也有人擔心它是否會造成新的社會問題，像是貧富差距、資源壟斷、工作消失等等。舉例來說，產業人工智慧精準預測技術的獨占性與高收益，可能會造成人工智慧從業人員與其他行業從業人員間的貧富差距。至於一流科技人才與資金大量流入全球五大科技寡頭 (Amazon、Google、Apple、Facebook、Microsoft) 也恐導致人才、資金、能源的壟斷。此外，麥肯錫顧問公司更預測有 78% 的可預測的勞力工作與 25% 的非預測的勞力工作會被取代。前者譬如組裝線上的焊接、包裝工人、食物準備人員；後者則如建築工人❿。

　　然而，若進一步研究就會發現，上述問題在人工智慧崛起前就已存在。例如非政府組織樂施會 (Oxfam) 指出全球前 1% 人口的財富已超過其他 99% 人口的總和⓫。世界財富分配不均的現象已存在許久，其樣態在開發中和已開發國家也不盡相同，原因相當複雜，無法一概而論。然而在資源壟斷上，在資本全球化後，大型跨國企業與在地企業的資本與人才差距便已不斷拉大，譬如

日本的六大財閥幾乎囊括全國主要的外資。日本的國立大學畢業生也多以豐田、三井、三菱等巨型集團為第一志願。這種資本與人力分配不均的情況已發生多時。至於工作消失方面，新技術的興起也常創造新的工作。以網路興起為例，雖新技術常導致舊工作消失，卻也創造出許多新的電商與網路工作機會。諸如YouTuber、電競選手、開箱部落客已從業餘興趣變成專門職業。換言之，新科技雖導致舊工作消失，但也會創造新的工作型態。雙方意見在證據力上似乎勢均力敵。至於貧富差距與資源壟斷或許並非單憑人工智慧所導致，而更可能源自不平等的社會結構。

儘管如此，產業人工智慧有兩個重要的特徵卻可能產生新的威脅：「準確預測力」與「決策影響力」。前者的優點是節省成本、降低錯誤，在有限的資源下找出最佳解決方案。但預測要愈準確，對使用者的偏好、習慣等行為記錄的數據則要愈完整愈好。這就可能產生隱私權侵害、演算法偏見、自主權侵害、甚是民主弱化等問題。至於「決策影響力」的優勢在協助或取代人類的決策，以提高效率並減少認知負擔。但也可能產生黑箱與究責、價值衝突等問題。讓我們一一說明。

人工智慧的「準確預測」能力愈高，所需要的資料量就愈大，但是所收集的資料量愈大，就愈可能對民眾的權益造成侵害。首當其衝的就是隱私。譬如商家超市都會紀錄顧客的消費明細，進而精準地推銷相關商品，並應用在醫療、保險、金融投資、教育上。然而，資料蒐集量與預測精準度成正比，為了更精確鎖定適當客群，數據就須愈詳盡。有時也不會將可辨識身分的資料連結刪除，否則便無法主動聯繫到客戶。故消費者的個人資料、生理與行為記錄就有外洩風險❶。即便企業恪遵相關規範，難保駭客

不覬覦龐大的資料所帶來的不法利益。

同樣的，人工智慧服務常會透過收集個人習慣來找出使用者的偏好，進而投其所好或投放服務或廣告。這種個人化或客製化服務可能的風險有二：一方面只提供使用者喜歡的資訊，可能會造成迴聲室效應 (echo chamber)，使用戶所聽到的只有與自己立場相近的聲音，或造成不同觀點被演算法篩選，而只看得到同溫層意見的「同溫層效應」。這些效應如何影響美國總統大選期間不同黨派的極端化，一直是哲學所關注的重要議題。⓭另外一方面，當提供人工智慧服務的公司知道使用者的習癖，就可能比使用者本人更了解其需求。廠商可針對個人或團體消費者的過去行為傾向或心理弱點，來操弄恐懼或創造需求以銷售特定商品，進而減損個人的自主性。

此外，選民的投票行為也夠透過蒐集過去資料來找到固定模式。例如美國共和黨與民主黨選民的大腦在面臨相同問題時有不同的認知處理模式⓮。而自由派與保守派的大腦對非政治性的噁心圖片有不同反應可作為預測政治立場的指標⓯。因此，掌握大數據的人工智慧企業或國家就可有效地主導輿論並操弄選舉。2018 年 Facebook 創辦人祖克柏 (Mark Zuckerberg) 到參議院聽證會說明 8700 萬用戶個資遭大數據私人公司劍橋分析 (Cambridge Analytica) 濫用與俄羅斯涉嫌干預美國大選一事，便是備受矚目的案例。甚至，極權國家更可掌握民主國家選民的投票行為與制度缺陷，在社群媒體散佈假新聞或武力威脅，透過精準預測將恐懼最大化。對民主國家是潛在威脅⓰。

另外，人工智慧也可能會複製或強化人類既有的偏見與歧視，稱為演算法偏見 (algorithmic bias)。這種偏見來自於社會既有的不

平等結構，當這些結構變成數據被用來訓練機器時，其所輸出的預測就會複製或放大這種偏見。例如過去在 Google 搜尋「doctor」圖片時，清一色出現白人男性圖片，進而強化只有男性適合當醫生的刻板印象。或是在搜尋美國房地產資訊時，就自動跳出該社區的黑人犯罪紀錄。雖然程式設計師在編寫過程中並未將種族或性別當成相關指標，但演算法常會根據既有資料而輸出令人意外的結果。該如何避免這種歧視是演算公平性 (algorithmic fairness) 議題所探討的焦點。

　　同樣的，人工智慧的「決策影響力」雖然有助於人類將決策最佳化，但也可能會產生究責和價值衝突兩個難題。在究責方面，不論在法律或倫理學都主張應權責相符：有能力做決策就代表有能力負責任。權責相符在民主國家格外重要。然而，當我們把決策的權力交給機器之後，萬一出事時該如何究責？畢竟目前人工智慧具有不可解釋的特徵：人工智慧系統可根據所輸入的資料自行歸納出模型或規則並輸出決策結果。但對於這些結果如何產生，有時連設計者自己也不清楚，宛如黑箱一般。也因此，有科學家倡議應研發「可解釋的人工智慧系統」(Explainable AI) 讓人類可以理解其決策過程，歐盟即在 2016 年通過「一般資料保護規則」(General Data Protection Regulation, GDPR) 對演算法代替人類決策有嚴格規範。此外，在價值衝突方面，由於機器決策過程常涉及演算法的最佳化設計才能找出最好選擇，但「最佳化」的定義為何？又由誰來決定？這常與多元社會中不同成員的價值排序有關。例如：自駕車的防撞系統的設計上，到底是應該優先保護駕駛還是優先保護行人？醫療診斷建議上應該要降低痛苦還是拯救生命？程序公平還是結果效益比較重要？這些都是伴隨產業人工

智慧而逐漸浮現的問題，也常是哲學的重要議題。

　　由上可知，雖然有些人工智慧所造成的社會問題是被誇大（這些問題在產業人工智慧出現前早就存在，兩者無直接因果關連），但是產業人工智慧本身精準預測、取代決策的特徵的確會產生某些風險。未來產業人工智慧會增加還是減緩這些風險，問題關鍵恐怕不在科學技術本身，而在人如何使用它。換言之，科技進展常伴隨能力提升，這種能力如何不被人類自己濫用或許才是重點。

問題與思考

2021 年美國數學家杯葛與警方之合作，反對將人工智慧用於執法以避免歧視黑人事態擴大，但數學家們卻不反對人工智慧的發展。究竟人工智慧可能的危害主要來自演算法本身還是人類使用者？若是來自於人類使用者，這是否意味著藉由工程來改進人工智慧的精準度，在解決歧視上效果有限？

真實人工智慧的相關爭議

　　自 1950 年代「人工智慧」一詞出現後，人類能否創造與自己類似的系統一直吸引著科學家。相關的概念譬如真實人工智慧或超級人工智慧紛紛出現。在二十世紀中葉即有學者探討它們可能對人類造成的影響。舉例來說，曾與圖靈一同破譯德軍密碼的英國數學家古德 (Irving John Good) 曾經指出：一旦某個超級人工智慧能自行設計出更好的人工智慧，無疑會發生機器的智慧爆炸，將人類智慧遠拋在後。而這個人類所生產的第一個超級人工智慧，

如夠溫馴且能告訴我們如何控制它，它可能就是人類所需要發明的最後一個東西。但古德未言明的是，若人類無法控制它，它可能就是人類所能夠發明的最後一個東西（因為人類被毀滅了就再也無法發明任何東西）。近年真實人工智慧的議題再度成為焦點：究竟我們能否創造出真實人工智慧？對人類文明又有何影響？目前對此爭議的陣營主要可以分為悲觀派、樂觀派與折衷派。悲觀派主張，對於人工智慧毫無限制的發展將導致超級人工智慧的反噬，危及人類。著名的倡議者除了包括了前面提過的霍金、馬斯克之外，還有微軟創辦人比爾·蓋茲 (Bill Gates) 等人。例如 2014 年時，物理學家霍金指出，由於人類受限於緩慢的生物演化而無法與真實人工智慧競爭，終而導致人類被取代或滅亡。馬斯克則警告應對於人工智慧格外謹慎，因為對人類生存的最大威脅可能就是人工智慧。這種人工智慧會自行產生人類所無法理解的規則與預測，並逐漸支配人類的生活作息。許多科學家認為應該有些國際或國家層級的規範可以監管相關發展，馬斯克更創立非營利組織 OpenAI 以追求更安全的通用人工智慧。

另一方面，樂觀派則主張上述的擔憂是多慮了。然而，雖然悲觀派對於超級人工智慧出現後的潛在威脅有不少想像，但對於人類是否真能創造出超級人工智慧，悲觀派卻未提出明確理由來支持其觀點。畢竟資訊科學中，許多理論上可能的計算理論，不代表實際上一定可行❶ 。例如創造出聊天機器人克萊佛博特 (Cleverbot) 的軟體工程師卡本特 (Rollo Carpenter) 認為，在相當長的時間內，人類仍將掌控人工智慧科技，且這種科技用來解決世界上諸多問題的潛力將會被實現。臉書創辦人祖克柏與蘋果總裁庫克 (Tim Cook) 也正面看待人工智慧發展對人類社會的助益。

2017 年，祖克柏批評馬斯克散播末日審判式的恐懼既不必要，也相當不負責任。但馬斯克也隨即在推特 (Twitter) 反駁，指出祖克柏對相關問題所知有限。至於庫克在受邀到麻省理工學院畢業演講時則指出，他不擔心人工智慧會使電腦像人類一樣思考，因為他反而比較擔心人類會像機器一樣的思考。

不過要注意的是，雖然這些企業領袖的看法常是鎂光燈焦點，而雙方辯論的焦點雖起於對真實人工智慧的憂慮，但最後卻常模糊焦點。例如悲觀派往往強調「真實人工智慧」的風險（例如毀滅人類），但樂觀派卻多談論「產業人工智慧」的優勢與無害，雙方雞同鴨講。再者，雙方的歧見不見得著眼於人類福祉，而可能與商業競爭的策略有關。例如投資與技術領先者 (Google、Facebook) 多主張鬆綁，落後者特斯拉 (Tesla) 則呼籲管制。因此，樂觀派並未回應問題的核心。

第三種則為折衷派，以牛津大學哲學與資訊倫理學教授，兼 Google 顧問委員會委員弗洛里迪 (Luciano Floridi) 為代表。弗洛里迪認為人工智慧發展雖非無害，但毀滅人類的憂慮是多餘的。畢竟超級人工智慧雖然在邏輯上是可能的，但現實上卻是完全不合理的。他的論證有三：㈠人工智慧的發展已面臨硬體技術的物理瓶頸。過去有所謂的摩爾定律 (Moore's law) 指積體電路上的電晶體數量每十八個月便會增加一倍。但摩爾定律在 2013 年後已經失效，人類無法以這種速度藉由增加電晶體數量來增加電腦計算能力，因而造成人工智慧發展的遲滯。㈡圖靈測試頂多只是必要而非充分條件；舉例說明，購買彩券是獲得頭獎的必要條件，但買了彩券不代表就能獲得頭獎。雖然不少科技公司都宣稱其產品能夠通過圖靈測試，但即便如此，不代表通過圖靈測試就具有和

人類相同的智慧。換言之，圖靈測試並非真實人工智慧的的充分條件，而只是一項標準很低的必要條件。甚至它還可能只是眾多必要條件之一而已。㈢ 在計算理論中，已被證明存在著一系列的不可判定問題 (Undecidable Problems)。不可判定問題是指，我們無法建構一個可以在所有「是－否」問題中給予正確答案的演算法。由於目前幾乎所有用於研發人工智慧的的電腦軟硬體皆依循圖靈的可計算性定義，因此所謂的真實工智慧亦受到不可判定問題之限制，從而約束其發展。故基於以上三個理由，弗洛里迪主張超級人工智慧雖在邏輯上可行，但現實上卻是無法實現的。他認為這就像爬到大樹頂端並非邁向月球的一小步，而不過是旅途的終點罷了。所以在他看來，悲觀派過慮了。

然而，弗洛里迪的論點也可能招致三個質疑。首先，硬體發展的物理瓶頸，的確常會限制單一處理器的計算效能。這也是為何投入人工智慧研發的單位都希望擁有運算能力強大的超級電腦。例如半導體公司輝達 (NVIDIA) 在 2016 年 4 月宣布開發出一款專門用於人工智慧與深度學習 (Deep learning) 的超級電腦DGX-1。但是，計算能力並非只能依靠單一處理器的超級電腦。例如分散式運算 (Distributed computing) 可透過許多運算能力較小的裝置，使其網路相互連接傳遞訊息以形成一個計算系統。而與一個運算能力極強的電腦負責處理所有運算的集中式計算，形成強烈對比。這種分散式運算可以將複雜的計算工作交給眾多的家用電腦或手機。甚至，連計算的硬體也不必是矽晶體，而是細胞，或甚至是兩者的綜合。例如尾笹一成 (Ozasa Kazunari) 與同事在 2012 年就曾研究眼蟲的分散式運算 。眼蟲是一種單細胞生物，在光線充足時會行光合作用，但光線不足時則會轉換為掠食

者的模式。這些研究人員發現，眼蟲在光合作用時要將光訊號最佳化的類比式處理比數位式的還要好。此外，也有生物工程師利用單細胞生物原有計算能力、自主性、群聚性設計出生物計算機。這些生物計算機既非集中式計算，也非矽晶體，都不受制於弗洛里迪所稱硬體發展的物理瓶頸。

其次，雖然所有以 0 與 1 編碼的數位 (digital) 電腦都會面臨不可判定問題，但資訊處理卻可以是類比 (analog) 或混合的 (hybrid)。數位是以不連續方式編碼，譬如儀表板上 LED 的數字時速表透過每小時的公里數值來顯示車輛的速度；而類比式則以連續方式編碼，如同傳統時速表以指針的平滑移動來表示速度的增加或減少。類比式的資訊處理往往涉及連續物理流（如聲波、電磁波）上的機械操作，例如電壓和時間，它們雖然可以轉換成數位式的處理，但本身並非圖靈意義上的計算。事實上，人類所製造出的第一部電腦正是類比式的：二戰英國轟炸機的瞄準系統。這種瞄準系統會根據輸入的光訊號，以輸出在特定飛航高度速度下的可能彈著點。此外，人類大腦皮質的計算方式則屬混合式的。皮奇尼尼 (Gualtiero Piccinini) 與巴哈 (Sonya Bahar) 指出人腦的神經訊號處理既非類比也非數位式。因為單一腦細胞上所能記錄到的時間序列的電子訊號 (spike trains) 是由離散脈衝所構成，但卻被當成連續信號來處理。換言之，這些非數位式的計算方式並不會遭遇弗洛里迪所稱的不可判定問題。

第三，超級人工智慧不需要比人類還聰明、或跟人一樣聰明才能毀滅人類。2016 年，神經科學家哈里斯 (Sam Harris) 指出，即便只能做出比人類還笨的人工智慧，由於電子迴路的運作速度比腦細胞生化反應快一百萬倍，讓它運行一星期，就可完成人類

需要兩萬年才能完成的工作。以人類有限的心智慧力能否理解，甚至控制這種人工智慧？答案似乎很悲觀。當然，哈里斯可能過度簡化某些因素。例如能源、容錯、計算策略等都可能降低這種超級人工智慧的計算能力，但哈里斯的確指出人工智慧在進化上所需的時間是有相當的優勢。換言之，即便超級人工智慧尚未出現，不代表人類就獲得安全的保障。因此，基於上述三點質疑，折衷派的論點似乎亦受到挑戰。

綜合以上討論可得出兩項小結：㈠論戰各方均未否定理論上超級人工智慧對人類的潛在威脅，但對於超級人工智慧真能否在可預見的未來、在現實的物理世界中被實現，則觀點迥異。㈡悲觀派（霍金、馬斯克）認為如未管制，這天遲早到來；樂觀派（祖克伯、庫克）與折衷派（弗洛里迪）都認為在可預見的未來可能性不大，亦即悲觀派論點無證據基礎。但由於雙方現有論點多無法支持其主張，此問題的答案仍未可知。既然無法知道人工智慧是否會有實現的一天，與其擔心機器是否會毀滅人類，不如多關心人類會不會毀滅自己與地球。畢竟戰爭、難民問題、生態浩劫才是人類目前所面臨的立即且致命的風險。

總而言之，人工智慧哲學和法律都關注於理想上人們「應該」如何使用這些技術，而非理論上「能夠」如何使用它們。但人工智慧哲學更強調法律問題背後的基本原理，對於可能的社會衝擊（尤其是產業人工智慧）格外戒慎。希望透過邏輯與概念分析，找出潛在威脅與可能解決方案。

附註

❶ 牛津大學數位倫理研究室 (Digital Ethics Lab) 指出，歐盟的一般資料
保護規範 (General Data Protection Regulation; GDPR) 所制訂的不精
確規範將決策演算、傳統人工智能、機器人學等分開處理是相當危
險的。這些都應該被視為是人工智能的範疇而加以規範 (Wachter,
Mittelstadt, & Floridi, 2017)。

❷ 深度學習是一種進階的機器學習。它不使用一般的統計模型，而是
使用人工類神經網路。

❸ 所謂圖靈測試由英國數學家圖靈 (Alan Turing) 在 1950 年提出，其內
容是指，假若某一機器能夠回答由人類提問者所提出的一系列問題，
且人類提問者無法區分究竟該答案是人類或機器所提供時，則該機
器通過測試。

❹ 不論是 1960 年代史丹佛研究所 (Stanford Research Institute) 所設計
出以預設的中央系統指令來解決推論與路徑規劃的古典人工智慧
(McCorduck, 2004)，或是 1990 年代 MIT 教授布魯克斯 (Rodney
Brooks) 發展出的以行為為基礎的機器人學 (behavior-based robotics)
皆屬弱的人工智慧。

❺ 據麥肯錫顧問公司調查，2016 年跨國科技公司在人工智慧相關產業
的投資金額約為兩百至三百億美元，較 2013 年成長 3 倍多 (Chui,
2017)。而 2021 年 2 月 Google 搜尋趨勢中「machine learning」與
「Artificial intelligence」等關鍵字全球搜尋的頻率分別為 2010 年同
期的 9.1 倍與 2.8 倍。這些數據顯示人工智慧發展愈來愈受重視。

❻ Nwakanma, S. U. (2021). Utilization of Self-Coaching Application for
Mild to Moderate Depression (Doctoral dissertation, Brandman
University).

❼ Nwakanma, S. U. (2021). Utilization of Self-Coaching Application for

Mild to Moderate Depression (Doctoral dissertation, Brandman University).

⑧ 麥肯錫顧問公司調查 (Chui, 2017)。

⑨ Aougab et al. (2020).

⑩ Chui (2017).

⑪ Hardoon et al. (2016).

⑫ 歐盟也曾贊助開發一款用於老人照護的機器人 Hobbit，可以協助老人生活自理、偵測跌倒並聯繫緊急救援。但是這種技術需要即時監控被照顧者的一舉一動與居家環境。不論所收集的資料是上傳雲端或儲存本地端，又是否被照顧者以外的人使用，都對個人隱私造成威脅。

⑬ 例如近來也有研究指出所謂的迴聲室效應應不存在，或是被誇大了。

⑭ Schreiber et al. (2013).

⑮ Ahn et al. (2014).

⑯ 麥肯錫公司的資料科學家 Daniel First(2017) 就質疑：究竟人工智慧會增加決策精度還是減損決策自主？

⑰ 舉例來說，雖然 Copeland(2004) 認為某些抽象的概念機器能產生一些被認為是圖靈不可被計算 (Turing noncomputable) 的函數，如超計算 (hyper-computation) 就包含一組演算法和自動機可以用來處理圖靈機所無法計算的函數，但是 Davis(2004) 則指出超計算在現實的物理世界中幾乎不可能出現。因此，雖然悲觀派認為超級人工智慧理論上是人類威脅，由於未能證明它在物理上是否真的可能，其擔憂實無支持的理據。

參考書目

引用資料

Ahn, W. Y., Kishida, K. T., Gu, X., Lohrenz, T., Harvey, A., Alford, J. R., Smitm, K. B., Yaffe, G., Hibbing, J. R., Dayan, P., & Montague, P. R. (2014). Nonpolitical Images Evoke Neural Predictors of Political Ideology. *Current Biology*, *24*(22), 2693–2699.

Aougab, T., Ardila, F., Athreya, J., Goins, E., Hoffman, C., Kent, A., Khadjavi, L., O' Neil, C., Patel, Priyam., & Wehrheim, K. (2020). Boycott Collaboration with Police. *The Notices of the American Mathematical Society*, *67*(9), 1293.

Chui, Michael, James Manyika, & Mehdi Miremadi. (2017). Where Machines Could Replace Humans–and Where They Can' t (Yet). *McKinsey Quarterly* . https://www.mckinsey.com/business–functions/mckinsey–digital/our–insights/where–machines–could–replace–humans–and–where–they–cant–yet

Copeland, B. Jack. (Ed.). (2004). *The Essential Turing*. Oxford: Clarendon Press.

Davis, Martin. (2004). The Myth of Hypercomputation. In Christof Teuscher (Ed.), *Alan Turing: Life and Legacy of a Great Thinker* (pp. 195–211). Berlin, Heidelberg: Springer.

Hardoon, Deborah, Ricardo Fuentes–Nieva, & Sophia Ayele. (2016). *An Economy For the 1%: How Privilege and Power in the Economy Drive Extreme Inequality and How this can be Stopped*. Oxfam International.

Hung, Tzu–Wei., & Yen, Chun–Ping. (2021). On the Person–Based Predictive

Policing of AI. *Ethics and Information Technology*, *23*(3), 165–176.

Nwakanma, Sylvia Udokoro. (2021). *Utilization of Self–Coaching Application for Mild to Moderate Depression*. Doctoral dissertation, Brandman University.

McCorduck, Pamela, & Cfe, C. (2004). *Machines Who Think: A Personal Inquiry into the History and Prospects of Artificial Intelligence*. Boca Raton, Florida: CRC Press.

Schreiber, Darren, Greg Fonzo, Alan N. Simmons, Christopher T. Dawes, Taru Flagan, James H. Fowler, & Martin P. Paulus. (2013). Red Brain, Blue Brain: Evaluative Processes Differ in Democrats and Republicans. *PLoS one*, *8*(2), e52970.

Turing, Alan M. (1950). Computing Machinery and Intelligence (Reprint). *Mind Design II: Philosophy, Psychology, Artificial Intelligence*, 29–56.

Wachter, Sandra, Brent Mittelstadt, & Luciano Floridi. (2017). Why a Right to Explanation of Automated Decision–Making does not Exist in the General Data Protection Regulation. *International Data Privacy Law*, *7*(2), 76–99.

延伸閱讀

Frankish, Keith, & Ramsey, William M. (Eds.). (2014). *The Cambridge Handbook of Artificial Intelligence*. Cambridge: Cambridge University Press.

Lin, Ying-Tung., Hung, Tzu-Wei, & Huang, Linus Ta-Lun. (2021). Engineering Equity: How AI Can Help Reduce the Harm of Implicit Bias. *Philosophy & Technology*, *34*(1), 65–90.

Liao, S. Matthew. (Ed.). (2020). *Ethics of Artificial Intelligence*. Oxford: Oxford

University Press.

Yen, Chun-Ping., & Hung, Tzu-Wei. (2021). Achieving Equity with Predictive Policing Algorithms: A Social Safety Net Perspective. *Science and Engineering Ethics*, 27(3), 1–16.

Stinson, Catherine. (2020). From Implausible Artificial Neurons to Idealized Cognitive Models: Rebooting Philosophy of Artificial Intelligence. *Philosophy of Science*, 87(4), 590–611.

王陽明──中國十六世紀的唯心主義哲學家

張君勱　著；江日新　譯

張君勱是同唐君毅、徐復觀及牟宗三諸先生共倡「當代新儒學」的代表人物。為尋繹中國走向民主政治的問題及方法，張君勱的思想研究是一個重要的可能取徑。王陽明哲學的重新認取和發揮，則是了解張君勱思想的一個關鍵。本書是張氏全面論述陽明哲學的專著，內容深入淺出，能幫助讀者把握張氏在此方面的真正意圖及洞見，是研究張氏思想與陽明心學的重要著作。

形上學要義

彭孟堯　著

哲學是人文的基礎，形上學是哲學的根基。本書介紹在英美哲學思潮下發展的形上學，解說形上學最根本的四大概念：等同、存在、性質、本質。在介紹的過程中同時也探討了「個物」以及「自然類」等概念。另外，基於形上學必定要探討這個世界的結構，尤其是這個世界的因果結構，本書特別對於因果關係進行一些說明。

柏拉圖

傅佩榮　編著

在傅佩榮教授的淺顯介紹中，柏拉圖《對話錄》之各類題旨愈發清晰，而文雅又精鍊的原文翻譯，也讓讀者得以欣賞柏拉圖行文風格與敏銳心智，並且跟隨柏拉圖的腳步，進入深刻的人生思辨。本書乃作者精心力作，以最清晰淺白的文字，帶領您進入兩千四百年前柏拉圖的世界，是掌握柏拉圖的最佳讀本！

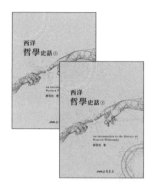

西洋哲學史話（上／下） 鄔昆如 著

本書以編年史的形式，將西洋哲學歷史分為希臘哲學、中世哲學、近代哲學和現代哲學四個部分，清楚地解說每一時期的沿革發展，並選擇數個具代表性的哲學家或思想流派來介紹。以深入淺出的文筆，從繁榮到哲學之死，從黑暗到迎接曙光，帶你一起找到進入西洋哲學的門徑，一窺哲學世界的萬千風貌及深厚底蘊。

倫理學釋論 陳特 著

本書介紹了一些很基本的倫理學說，在其中，讀者可以看到道德對於個人和社會的各種意義與價值，亦即人之所以要道德的各種理由。希望讀者能透過這些學說，思索、反省道德對於人生所可能具有的意義與價值，以及在道德的領域中，我們的生命可能會產生什麼樣的變化，進而找到新的人生方向與意義。

哲學概論 冀劍制 著

不同於傳統以訓練哲學專業為目標，本書做為哲學入門教科書，著重在引發學生興趣與思考。希望透過與哲學的簡單接觸，就能吸收養分，轉換成生活的智慧。本書另一項特點是廣泛介紹各種哲學議題，不偏重於任何特定主題的方式來規劃內容，並且在篇末設計了一些值得討論的問題，訓練學生的思考能力。

西洋哲學史 傅偉勳 著

傅偉勳教授認為「哲學」一詞雖然難以定義，但不妨將哲學看成是一部哲學發展、辯證的歷史。研究哲學史必須從哲學家在世時生活的環境與思想的繼承來切入，並把握哲學家理論的背後預設，以釐清各時期哲學家是因應著什麼樣的理論困難去修正或建構其學說。

佛性思想 釋恆清 著

佛性（如來藏）思想由印度流傳至中國，經千年發展，影響中國佛教甚深。本書收錄六篇專文，前三篇為印度佛教中佛性思想經論之研究。第四篇論《大乘起信論》的心性說。第五篇論初唐性宗和相宗關於「一性」、「五性」的爭辯。最後一篇則從天台宗主張草木有性來論證佛性說可為現代生態學奠基。

印度哲學史 楊惠南 著

本書透過數十部原典的資料，精要介紹了印度的民族、歷史和宗教，也詳盡分析討論了印度各宗各派的哲學思想。有鑑於許多研究印度哲學的讀者是為了進一步探究佛教的哲理，因此本書引用了大量的佛典資料，也遵照佛典中的固有譯名來論述，助益讀者理解印度哲學與佛學的思想精華所在。

哲學很有事：中世紀到文藝復興　Cibala　著

最愛說故事的 Cibala 老師，這次要帶領大家，探訪西方中世紀到文藝復興這一千多年裡，發生了哪些哲學上的大小事！猶太教、基督教、伊斯蘭教打起來了，這跟哲學有關係嗎？現代國家和憲法理念的形成，也離不開哲學？哥白尼的「日心說」、培根的「歸納法」，這些追求科學真理的學問，居然引爆了近代哲學的小宇宙？快跟著 Cibala 老師一起探索，找出意想不到的哲學大小事吧！

哲學很有事：十九世紀　Cibala　著

Cibala 老師這次要帶領大家認識浪漫主義蓬勃發展的十九世紀，在這個站在「理性」與「進步」對立面上的時代，會有哪些哲學故事呢？馬爾薩斯認為人口的增長對未來有哪些影響呢？馬克思共產主義的核心價值是什麼？實用主義是種什麼樣的理論呢？快跟著 Cibala 老師一起探索，找出意想不到的大小事吧！

哲學很有事：近代哲學（上）　Cibala　著

Cibala 老師這次要帶領大家從「信仰」為主的西方中世紀到文藝復興時期，跨越到以「知識」為主題的十七到十八世紀，這之間發生了哪些哲學上的大小事！笛卡兒所秉持的懷疑精神究竟是什麼呢？長久以來的出版審查制度又是怎麼一回事呢？創建國家的目的與意義也是哲學探索的一大問題？快跟著 Cibala 老師一起探索，找出意想不到的哲學大小事吧！

哲學很有事：近代哲學（下）　　　Cibala　著

Cibala 老師這次要帶領大家認識被稱為「啟蒙時代」的十八世紀，透過思考追求進步的時代會有哪些哲學故事呢！《百科全書》是怎麼出現的呢？盧梭的出現帶給世界什麼影響呢？康德的學說竟開啟了諸多學派的誕生？市場經濟也與哲學息息相關嗎？快跟著 Cibala 老師一起探索，找出意想不到的哲學大小事吧！

國家圖書館出版品預行編目資料

做哲學：哲學不是沒有用，而是你會不會用／古秀鈴
主編;古秀鈴,林斯諺,洪子偉,祖旭華,黃涵榆,劉亞蘭,
蔡政宏,蔡龍九著.——初版一刷.——臺北市: 三民,
2022
　　面；　公分.——（哲學輕鬆讀）

　　ISBN 978-957-14-7420-5 （平裝）
　　1. 哲學 2. 通俗作品

100　　　　　　　　　　　　　　111003018

哲學輕鬆讀

做哲學：哲學不是沒有用，而是你會不會用

主　　　編	古秀鈴
作　　　者	古秀鈴　林斯諺　洪子偉 祖旭華　黃涵榆　劉亞蘭 蔡政宏　蔡龍九
特約編輯	謝嘉豪
責任編輯	向富緯
美術編輯	黃顯喬
發 行 人	劉振強
出 版 者	三民書局股份有限公司
地　　　址	臺北市復興北路 386 號 (復北門市) 臺北市重慶南路一段 61 號 (重南門市)
電　　　話	(02)25006600
網　　　址	三民網路書店 https://www.sanmin.com.tw
出版日期	初版一刷 2022 年 5 月
書籍編號	S100440
I S B N	978-957-14-7420-5

入
300

三民書局